프런티어 경영

* 산업정책연구원

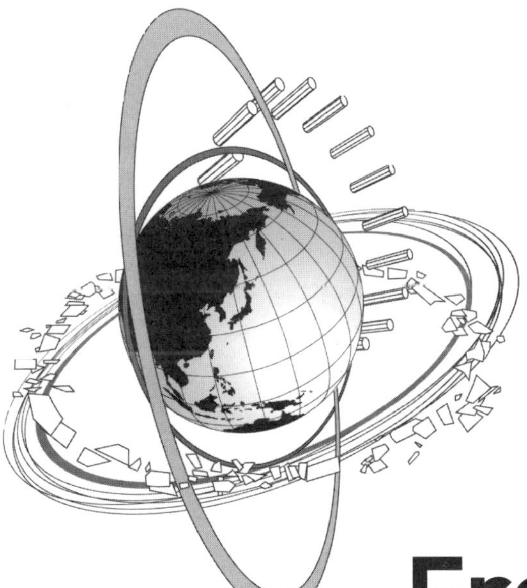

Frontier Management

프런티어 경영_**Frontier** Management

프런티어 경영_Frontier Management

기업은 치열한 경쟁 속에서
새로운 도약을 모색하기도 하고
새로운 경영전략을 선택하기도 한다.
이러한 경쟁력 향상을 위한
기업들의 다양한 움직임을
프런티어 경영으로 명명하여
산업정책연구원과 동아일보의
공동기획으로 지속가능경영,
브랜드 경영, 윤리경영 등
최근 기업경쟁력
전략 트렌드를 소개한다.

머리말

> **승리하는 군대는 승리할 수 있는 조건을 만들어 놓고 전투에 임한다.**
> **요행을 바라고 전투에 임하는 군대는 패배할 수밖에 없다.**
> **손자병법**

동서고금을 막론하고 <손자병법>은 필승 전략서로 널리 인정받아 왔습니다. 또 손자병법의 많은 원칙 속에는 현대 경쟁사회에서 승리할 수 있는 기초가 담겨져 있습니다. 위의 글귀를 기업환경에 적용하여 보면 "성공하는 기업은 성공할 수 있는 전략을 세운 후 실행에 옮긴다. 실패하는 기업은 단지 성공이라는 희망만을 바라고 행동을 옮긴다"로 해석할 수 있습니다. 꿈과 희망을 갖는 것은 기업이 발전해 나갈 수 있는 토석이 될 수 있으나 적절한 전략 등 기본 인프라를 동반하지 않은 희망은 성공하기 위한 방법일 수 없습니다.

경영환경 변화로 살아남기 위한 기업 간의 생존경쟁이 날로 치열해지고 있습니다. 급변하는 환경에 발 빠르게 적응한 기업만이 살아남으며, 그렇지 못한 기업은 다른 기업에 흡수되거나 흔적도 없이 사라지고 있습니다. 실제로, 1965년 당시 100대 국내 기업 중 현재 8개만이 100대 기업으로 남아있다는 조사결과가 있습니다. 특히, 1964년 상위 10대 그룹 중 현재 10대 그룹을 유지하고 있는 곳은 삼성과 LG뿐인 것을 볼 때, 정부의 강력한 수출주도형 정책 하에서 성장했던 많은 기업들은 변화된 시대적 상황에 적응하지 못하고 도태되었음을 알 수 있습니다.

그렇다면 극심한 생존경쟁에서 살아남은 기업들의 공통점은 무엇일까요? 간단히 말하자면, 성공기업은 차별적이고 혁신적인 경영방식으로 글로벌 환경 변화에 효과적으로 대처하고 변신했다는 것이며, 자원의 제약과 리스크 위협에도 기업가 정신을 발휘하여 새로운 사회에 걸맞은 신사업에 과감히 도전했다는 점입니다. 한마디로 오늘날까지 살아남은 기업 혹은 살아가고 있는 기업은 무에서 유를 창조하는 강한 도전정신이 있었습니다.

도전은 위험을 동반합니다. 도전을 통해 발전한 기업들은 빠르게 변하는 시대적 상황에의 기민한 대처와 철저한 사전조사 등을 통해 발전해왔습니다. 21세기 기업환경은 한치 앞도 예견할 수 없는 상황입니다. 하지만 글로벌 경쟁에서 도전을 회피하고 현실에 안주한다면 분명 도태될 것입니다. 기업의 도전정신은 '기업가 정신'을 의미합니다. 외환위기 이후 기업가 정신은 소극적으로 변모하여 리스크를 회피하는 경영으로 나타났습니다. 또한 재작년부터 나타난 고유가와 원자재가격 상승, 환율 하락 현상 역시 소극적인 기업경영의 원인이었습니다.

무한경쟁 속에서 살아남기 위해서 기업은 위축되었던 기업가 정신을 회복하여 적극적으로 변화된 환경에 대응하며, 예견하여 앞서나가는 것이 필요한 때입니다. 이에 따라 기업들은 혁신적 아이디어와 디자인경영, 윤리경영, 브랜드경영, 품질경영, 기술경영 등 신 경영패러다임을 앞 다투어 도입하여 강력한 성장기반을 구축해 나가고 있습니다. 이러한 경쟁력 향상을 위한 기업들의 다양한 활동을 '프런티어 경영'이라 명하고 동아일보와 산업정책연구원은 공동기획으로 2005년 9월부터 총 10회에 걸쳐 최근 기업경쟁력 전략 트렌드에 대한 특집기사를 발표하였습니다. 이러한 특집기사를 통해 프런티어 경영도입의 중요성을 널리 알리고, 이를 실천하고 있는 기업들의 사례를 공유하고자 하였습니다.

앞서 언급하였듯이 프런티어 경영은 기업의 미래를 결정짓는 중요한 요소로 글로벌 경쟁시대에 적합한 모든 경영활동을 포괄하는 개념입니다. 세부적으로는 지속가능경영, 펀(FUN) 경영, 디자인 경영, 품질경영, 나눔경영, 브랜드경영, 기술경영, 글로벌 리더십 경영, 대기업과 중소기업의 협력경영, 도시와 기업의 파트너십 경영으로 구분할 수 있습니다. 이 중 어느 하나도 오늘날 경쟁 환경에서 간과될 수 없을 것입니다. 이미 선진기업들은 이들의 실천을 경영전략의 기본 모토로 삼고 적극 실행에 옮겨가고 있으며, 대기업을 중심으로 국내기업들도 도입하고 있으나 아직 그 수준이 기초단계에 불과한 실정입니다.

프런티어 경영은 기업들이 반드시 실천해 나가야 할 경영방식입니다. 본서를 통해 많은 기업들이 변화하는 환경에 대응 할 수 있는 새로운 경영전략을 인식하고, 이를 현실에 도입 · 적용하여 초일류 기업으로 발돋움할 수 있는 발판이 되기를 희망합니다.

참고문헌 제럴드 A. 마이클슨 / 스티븐 W. 마이클슨(2004), 마케팅 손자병법

목 차

표 차례

그림 차례

첫번째 프런티어 경영

웰컴투 '천년기업' 지속가능경영

초인류 기업들의 장수비법

세계적으로 지속가능발전이라는 개념이 확산되고 있으며, 선진 기업에서는 지속가능경영을 새로운 경영 패러다임으로 인식하고 있다. 지속가능경영이란 기업의 모든 경영활동 과정을 경제적 수익성, 환경 친화성, 사회적 책임성 등을 바탕으로 통합 추진해 지속가능한 발전을 추구하는 경영 패러다임으로 경영활동에 환경과 사회적인 이슈가 부각되면서 기존의 경영방식 전반을 다시 검토하는 과정에서 등장하였다.

지속가능경영은 국내에선 아직 도입 초기단계이며, 단어조차 생소하게 느끼는 최고경영자(CEO)도 적지 않다. 하지만 글로벌 경쟁 시대에 지속가능경영은 경쟁력 확보의 필수적 요소로 한국기업이 글로벌 경쟁력을 갖추기 위해 반드시 뛰어넘어야 할 도전이기도 하다. 미국 경제전문지 포천 선정 500대 기업 중 4분의 1정도가 환경, 사회 등 지속가능성 이슈에 대한 보고서를 발간하고 있으며, 미 컨설팅 업체인 이노베스트(INNOVEST)에서는 2천여개 기업의 사회적 책임과 지속가능성을 평가하여 등급을 매기고 있다. 또한 삼성, 포스코, 현대 · 기아자동차처럼 발빠른 국내 대기업들은 이미 지속가능성 보고서를 발간하였으며, 현재 진행 중인 곳도 있다.

이제는 단기적인 수익 지향적 경영방식에 얽매여서는 미래의 존속을 보장받기 어렵다. 사회적 역할과 같은 비재무적 영역까지도 기업경영의 핵심요소로 간주하여 대응하는 것이야 말로 기업영속을 위한 관건일 것이다.

프런티어 경영_Frontier Management

지속가능경영
Sustainability Management

조동성_서울대 경영대학 교수

요즘 신문에서는 기업 총수가 앞치마를 두르고 거리에서 밥을 퍼주거나, 망치를 들고 집을 짓는 사진을 종종 볼 수 있다. 이러한 기업의 사회공헌 활동은 '윤리경영', '사회책임경영', '지속가능경영'이라는 이름 아래 한국 사회에 유행처럼 번져나가고 있다.

이러한 현상은 앞으로 우리 사회에 확고하게 자리 잡을 것인가, 아니면 한때의 유행으로 끝날 것인가. 한편에서는 기업이 치열한 경쟁시대에서 생존하려면 구조적으로 기업이 가장 잘하게 되어 있는 이익 추구, 즉 '시장가치'에 집중해야 하고, 사회봉사와 같이 구조적으로 정부나 비정부단체(NGO)가 더 잘하게 되어 있는 일은 다른 기관에게 맡겨야 한다고 주장한다. 그러나 다른 한편에서는 사회에서 중추적 역할을 하는 기업, 특히 사회를 좌지우지할 정도로 영향력이 큰 기업이 자신의 이익을 챙기는 이기주의적 행동만 해서는 사회를 만족시키는 '사회가치'를 창조하지 못하고 사회로부터 거부당하여 결국 멸망에 이르게 될 것이라고 주장한다.

경영자는 어느 말을 들어야 할 것인가? 두 가지 주장은 각각 기업을 미시적 시장 조직으로 보는 시각과 거시적 사회 구성원으로 보는 시각을 대변한다.

이 때 경영자는 나름대로 자신이 경영하는 기업이 사회에 얼마나 영향을 미치는지에 대한 합리적 추론을 통해 행동지침을 마련할 것이다. 즉, 개별 기업이 사회 전체에 미치는 영향이 미비하여 기업이 사회에 먹물을 튀기더라도 그 먹물로 인해 '사회가치'가 떨어지는 것보다 이로부터 기업이 얻을 수 있는 '시장가치'가 더 크다면 경영자는 이를 감행할 것이다. 그러나 먹물로 인해서 '사회가치'가 떨어지는 것이 그 기업이 얻을 수 있는 '시장가치'보다 크다면 어느 기업도 그런 일을 감행하지 않을 것이다.

오늘날의 기업 경영은 규모나 활동영역 면에서 사회에 미치는 영향이 확대되고 있다. 사회다원화로 이해관계자 범주가 늘어남과 동시에 정보통신의 발달로 신속한 정보전달이 가능하게 되는 등, 기업들은 여느 때보다도 환경변화에 민감하고 이에 신속하게 대응해야 하는 환경 속에서 살고 있다. 기업의 활동으로 인해 발생되는 손해는 주변 환경에도 나쁜 영향을 끼치지만 결국에는 부메랑처럼 기업에 되돌아온다는 것을 인식해야 할 때가 온 것이다. 기업은 단순히 이윤을 추구하는 것만으로는 더이상 존속할 수 없다는 것을 깨달아야 한다. 더욱이 우리나라 기업들은 지금까지 성장 위주의 기업전략으로 인해 경영활동의 과정보다는 이익 극대화라는 결과만을 쫓아왔기 때문에 그 과정에서 소외되어온 사회구성원들의 요구가 더욱 절실히 표출되는 실정이다.

기업이 사회에 해를 끼치면서 이익을 추구할 때, 단기적으로는 '사회가치'의 추락보다 '시장가치'의 상승이 더 크지만 장기적으로는 '사회가치' 파괴가 '시장가치' 상승보다 더 큰 것이 보통이다. 그러므로 경영자가 단기적 이익극대화를 추구한다면 사회에 대해 잘못된 행위를 시도할 것이고, 장기적인 이익, 성장, 존속을 통한 장수 그 자체에 가치를 둔다면 사회에 대해 잘못된 행위를 시도하지 않을 것이다.

역으로 사회가 기업을 건전한 구성원으로 만들려면 장수기업이 되는 것, 즉 기업이 오래오래 성장을 계속하고 이익을 꾸준하게 내게 하는 것이 경영자의 과제가 되도록 기업의 목표와 경영자의 가치관을 바꿔야 한다. 바로 여기에 '사회책임경영' 또는 '지속가능경영'이 새로운 시대의 경영자 과제로 등장한다. 즉, 기업은 장기적으로 '지속가능한 경영'을 해야 하고, 이를 달성하기 위해서 '사회책임을 다하는 경영'을 해야 하는 것이다. '지속가능경영'은 기업의 궁극적 목표이고, '사회책임경영'은 그 수단이다.

기업은 과거, 내부 경영실적을 해마다 영업보고서로 작성하여 이해관계자에게 제출해 왔다. 그러나 최근에는 영업보고서 이외에 보고서를 하나 더 만드는 기업들이 등장하고 있다. 이들은 사회를 향한 활동을 '사회책임보고서'나 '환경보고서'로 작성하는 기업들과 미래를 향한 '지속가능성 보고서'를 작성하는 기업들로 나뉜다. 여기서 '사회책임보고서'나 '환경보고서'는 내부지향적인 영업보고서에 대응되는 외부 지향적 보고서이고, '지속가능성 보고서'는 과거 지향적인 영업보고서에 대응되는 미래 지향적 보고서이다.

다만 경영자에게는 외부지향성보다는 미래지향성이 더 중요한 과제라는 점에서 궁극적으로는 '사회책임보고서'나 '환경보고서'가 사라지고 그 내용은 '지속가능성 보고서'로 통합될 것으로 보인다.

실제로도 '사회책임보고서', '환경보고서'보다 '지속가능성 보고서'가 점차 많아지고 있는 추세이다. 최근 KPMG 인터내셔널이 글로벌 포춘(Global Fortune) 500대 기업을 대상으로 기업들의 보고서 발간 형태를 조사한 결과, '환경보고서', '안전 및 보건보고서', '사회책임보고서'가 점차 감소하고 있는 반면, 2002년 14%에 불과하던 '지속가능성 보고서'는 2005년 68%를 차지하는 증가세를 보이는 것으로 나타났다. 이러한 결과는 여타 개별 보고서 형태가 점차 '지속가능성 보고서'로 통일되는 추세임을 보여준다.

이러한 추세는 언론보도에 대한 콘텐츠 분석을 통해서도 확인할 수 있다. 즉, 1995년부터 2001년까지 세계 12개 주요 언론사들이 사용한 '지속가능성(Sustainability)'과 '사회적 책임(Social Responsibility)'이라는 키워드에 대한 추이를 조사한 WWF(World Wide Fund for Nature) & Mandag Morgen(2002)의 연구 결과 보고서에 따르면, '지속가능성'이라는 용어는 1997년 이후 '사회적 책임'이라는 용어의 사용빈도를 앞질러 현대사회에서 가장 필요하고 친숙한 용어로 정착되어 가고 있는 것을 보여준다.

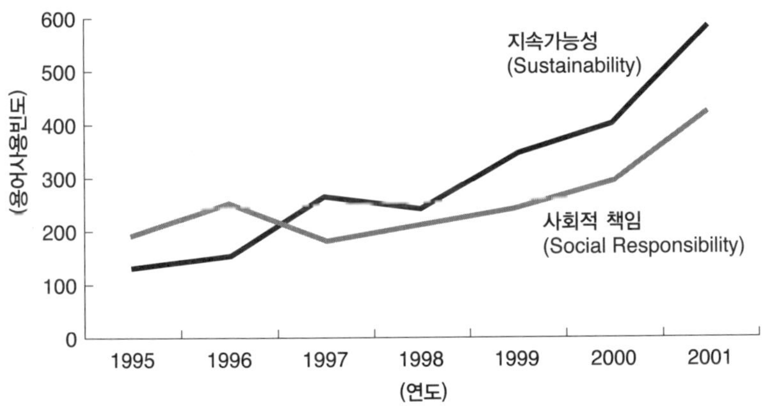

그림 1. 외국 12개 언론사의 7개년 간 해당 용어 빈도 조사 결과

출처 : WWF and Mandag Morgen(April 2002), Experiences and Opportunities from the Nordic Partnership을 발췌하여 수정

이제부터는 '지속가능경영'에 초점을 맞추어보자. 기업이 지속가능한 경영활동을 한다는 것은 현재 시점에서 미래를 향하여 기업 자신의 생존을 추구

하는 동시에 기업에 관련된 여러 이해관계자와 공존할 수 있는 경영을 실천하는 것이다.

'지속가능경영'은 '리우 정상회의(1992)'와 '요하네스버그 정상회의(2002)'를 통해 지구촌의 당면 과제로 합의된 '지속가능한 발전(ESSD: Environmentally Sound & Sustainable Development)'에서 비롯된다. '지속가능한 발전'은 환경 파괴와 천연자원의 남용이 극심했던 경제 개발 관행을 버리고, 인류의 지속성을 확보하기 위하여 보존과 발전의 상생이 이루어진 친환경적 성장을 추구하여야 한다는 의미이다.

'지속가능경영'은 내부적으로는 꾸준한 경영혁신과 투명하고 공정한 기업활동을 포함하고, 외부적으로는 환경과 사회에 대한 기업의 부정적 영향을 최소화하기 위한 친환경적 경영활동, 사회공헌활동 등을 통하여 사회적 책임을 다할 것을 주요내용으로 삼고 있다. 또한 지속적인 혁신과 효율적인 의사결정, 이해관계자의 권익보호를 꾀하여 사회와의 공존 속에 기업의 미래지향적 존립을 추구하는 새로운 경영 패러다임이다. 따라서 '지속가능경영'은 현재 혼재되어 사용되고 있는 환경경영, 투명경영, 윤리경영, 사회책임경영 등의 개념들을 포괄하는 개념이다. 지금까지 한국 사회에서 유행해온 윤리경영이라는 개념이 '지속가능경영'으로 확장되어야 하는 이유가 바로 이것이다.

'지속가능경영'을 위해서는 주주, 종업원, 고객, 협력업체, 지역사회, 생태환경 나아가 미래세대에 이르기까지 광범위한 이해관계자들을 고려하여야한다. 이들 이해관계자를 위한 경영활동을 하기 위해 고려하여야 할 사항은 각각의 관심과 기대에 따라 경제, 사회, 환경의 세 가지 영역으로 나눌 수 있다. 이는 둥근 의자가 최소 세 개의 다리가 있어야 균형을 잡고 설 수 있는 것과 같은 이치이다. 만약 다리가 더 많아진다면 의자는 더욱 튼튼하게 균형을 잡게 될 것이다. 지속가능경영도 세 가지 축(Triple Bottom Line: TBL)인 경제적 성과, 사회적 성과, 환경적 성과가 최소한의 범주로 분류되며, 이 범주들이 더욱 세분화되고 발전된다면 '지속가능경영'은 여러 개의 다리를 가지고 건실하게 기업 가치를 향상시키는 경영 패러다임이 될 것이다.

점점 많은 이해관계자들과 투자자들이 기업들의 '지속가능경영' 활동의 결과를 평가하기 위한 기준으로 보고서를 찾고 있으며, 이러한 수요 증가에 따라 기업의 보고서 작성 및 발간을 돕기 위한 보고 가이드라인이나 평가제도가 속속 발표되는 등 지속가능성 보고에 대한 전 세계적 관심이 점차 높아지고 있다. '지속가능성 보고서' 발간을 통해 기업들은 이해관계자들의 요구를 더욱 적극적으로 받아들이고 공존할 수 있는 길을 모색해야 할 시대가 도래한 것이다.

기업의 목적은 과연 무엇인가라는 문제를 마지막으로 다시 한 번 생각해 볼 필요가 있다. 존경 받는 기업, 장수하는 기업들의 공통점은 '이윤추구'를 기업의 목적이 아니라 결과로 생각한다는 것이다. 1960~1970년대에 이윤극대화를 위해 질주하던 한국의 30대 기업이 오늘날 얼마나 생존하고 있는가. 과정 없이 결과만을 쫓던 재벌기업들의 몰락을 지켜본 경영자라면 '지속가능경영'이라는 새로운 패러다임을 받아들이는 것을 주저하지 않을 것이다. 사회 속 기업이 경영활동을 지속하기 위하여 이해관계자들의 요구와 관심에 귀를 기울이는 경영자는 기업이 시장가치, 즉 '이윤추구'라는 결과를 향해 가는 과정의 핵심 요소인 동시에 사회가치, 즉 기업의 장기적 존속을 위한 미래지향적 기업의 필수 조건이다.

지속가능경영을 실천하는 기업

김희정_산업정책연구원 연구원

물고기가 물을 떠나 살 수 없듯이 기업도 기업이 속한 사회를 떠나서는 살 수 없다. 기업이 속한 사회의 발전 없이는 기업의 존속과 성장은 이루어 질 수 없기 때문이다. 이제 기업이 그저 시장으로부터 돈을 벌고 종업원에게 일자리를 제공하면 사회적 책임을 다한 것이라고 생각하는 시대는 지났다. 기업은 이윤추구와 고용창출이라는 기업의 기존가치를 넘어서 기업이 속한 사회의 생존과 발전을 위하여 적극적으로 나서야 한다. 최근 일부 기업들은 이러한 사회의 변화와 요구를 적극적으로 받아들여 '윤리경영' 이나 '지속가능경영' 의 이름 아래 자발적으로 친환경적 경영활동, 사회공헌활동 등을 펼치고 있다.

이러한 활동에 적극적인 국내기업으로 삼성, 포스코, 현대 · 기아자동차를 들 수 있다. 이들이 본격적으로 지속가능경영을 시작한 것은 불과 최근 2~4년 정도 밖에 되지 않았지만 진행이 빠르고 체계적이다. 세 기업이 실천하고 있는 지속가능경영은 크게 •사회공헌(봉사단), •환경보존, •종업원 복지(안전 · 보건), •파트너십으로 나누어지며, 이러한 전 활동을 보고서로 발행하는 작업도 함께 진행되고 있다.

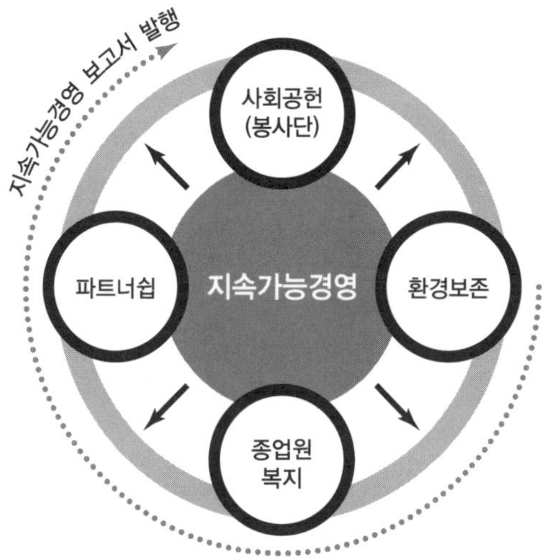

그림 2. 지속가능경영 분류
출처 : IPS 지속가능연구센터

환경보존

활동은 제조과정뿐 아니라 상품 · 서비스 전달과정에서 직 · 간접적으로 환경에 부정적인 영향을 미치고 있는 요소를 줄이고 상생의 길을 모색한다는 취지에서 시작되었다. 환경오염, 자원의 비효율적 이용 등은 그 동안 기업들이 불가피하게 환경에 끼친 부정적인 결과이지만, 그 영향 자체를 계량화하기 힘들다는 이유로 기업과 정부가 방관해 왔다. 하지만 최근 기업들은 환경비전, 환경방침, 목표, 실천과제 등을 세워 구체적인 계획과 실천에 박차를 가하고 있다. '인간 · 환경 · 사회의 조화' 를 강조하는 현대 · 기아자동차는 연구개발, 구매, 생산, 마케팅, 판매, A/S 등 전 과정에 환경경영전략을 도입하였다. 저공해 자동차를 개발하는 '연구개발과정' 과 폐기물을 저감하는 '생산과정' 은 물론이고 협력업체 환경경영체제 구축 지원, 그린마케팅, 정비 협력업체 ISO

14000 추진 지원을 위하여 구매, 마케팅 · 판매, A/S 과정에도 환경경영전략을 수립하였다.

사회공헌

활동은 기업시민으로서 지역사회와 소외계층에 대한 사회적 책임을 이행하기 위하여 시작되었다. 사회적 책임의 이행은 기업이 취한 이익을 사회에 환원한다는 의미도 있지만 지역사회와 더불어 기업이 발전한다는 점도 포함하고 있다. 삼성 이건희 회장은 '사회공헌을 하지 않으면 기업은 망하게 될 것' 이라고 주장한 바 있다. 삼성은 이건희 장학재단설립을 통한 공익사업, 계열사별 대표 공헌활동, 임직원 자원 활동 세 부분으로 나누어 사회공헌을 본격화하였다. 2004년 삼성은 복지사업에 1,100억 원, 학술교육 분야에 1,500억 원, 문화예술 분야에 700억 원, 체육 및 국제교류 분야에 200억 원 등을 투입하였다. 그 동안 삼성이 봉사활동에 참여한 인원을 누계로 계산하면 43만 5천여 명이 120만 2천 시간동안 봉사활동에 참여했을 정도로 어마어마한 수치에 이른다.

파트너십

활동은 이해관계자의 권익 보호와 참여를 통하여 사회로부터 신뢰와 사랑을 받는 기업이 되기 위하여 시작되었다. 이해관계자는 크게 투자자, 고객, 공급사, 사회, 직원 등으로 나누어진다. 포스코의 경우, 투자자들에게는 투명한 기업정보를, 고객들에게는 의견수렴을 통해 좋은 제품과 서비스를, 공급사에는 공정하고 투명한 절차와 협력을, 사회에는 올바른 정보와 대화를 통하여 지역발전방향을, 직원들에게는 인사 · 노무 · 복리 · 교육제도 지원을 통하여 삶의 향상을 제공하여 기업과 관련된 이들에게 기업의 책임을 다하고자 파트너십을 지속가능경영의 주요목표로 삼고 있다.

종업원 복지

활동은 삼성, 포스코, 현대 · 기아자동차 세 기업 모두 창업 이래 최고경영자의 안전조업에 대한 확고한 의지로 추진되어 온 것으로, 근로자의 건강을 위하여 안전하고 깨끗한 근무환경을 확보하는 것을 최우선으로 하여 진행하고 있다. 환경부분과 마찬가지로 철저한 계획과 실행, 점검과 개선을 통해 안전보건 경영체제의 정량적 평가를 실시하고 지속적인 개선을 꾀하고 있다.

지속가능성 보고서 발행

위와 같이 기업이 행한 지속가능경영 성과를 기업의 이해관계자들에게 알리는 동시에 새로운 약속을 제시하기 위해 발간하는 것이 바로 지속가능성 보고서이다. 국내에는 지속가능성 보고서를 발간하는 기업이 7개 기업에 불과하지만 해외의 경우 <포춘> 선정 500대 기업 중 4분의 1 정도가 이러한 보고서를 발간하고 있을 정도로 보편화되어 있다. 2004년 첫 지속가능성 보고서를 발간한 담배제조업체 BAT코리아는 자사의 이해관계자를 대화에 참여토록 초청하여 그들이 책임 있는 기업에 기대하는 바가 무엇인지 이해하고 경영에 반영하도록 하였다. BAT코리아는 1단계-사회와의 대화1(경청의 창)에서 이해관계자의 기대사항을 경청하고, 2단계-의사결정과정에서 기대사항에 대한 답변과 함께 실천약속을 개발하고, 3단계-사회와의 대화2(약속의 장)에서 실천약속을 이해관계자에게 발표하여 공감대를 형성하고, 4단계-약속이행과정에서 실천약속을 이행하고 결과를 보고하는 형식으로 대화를 진행하였다.

이들이 단지 대기업이고 여유가 있기 때문에 지속가능경영을 실천하고 있는 것은 아니다. 이는 사회의 변화와 필요를 깨닫고 기업이 사회의 한 구성원으로서 책임을 다하기 위해 노력하는 것이다. 그리고 이렇게 환경과 사회에 투자한 노력은 머지않아 운영비용 감소, 브랜드 이미지 향상, 고객 충성도 향상, 생산성 및 품질 향상, 상품 및 서비스 매출 증가, 우수인력 유인 등으로 기업에 이득이 되어 돌아오게 될 것이다. 지속가능경영은 기업의 임직원은 물론 사회와 환경에 대한 책임을 모두 포함하고 있으며, 실천과 확산을 위해 지속적인 노력을 보인다는 점에서 시사하는 바가 크다. 특히 이러한 노력을 통하여 기업이 기업 이해관계자의 요구에 적극 부응하고 경쟁력 제고를 추구하고 있다는 점에서 사회와 기업 모두에게 바람직하다.

국내에는 지속가능경영이 삼성, 현대 · 기아자동차, 포스코 등 일부 대기업 위주로 실천되고 있지만 해외에서는 대기업, 중소기업 할 것 없이 대부분의 기업들에 보편화되어 있다. 대기업처럼 자체적인 활동이나 자사에 활동기구를 두기 어려운 중소기업들은 지역기구 혹은 재단을 통하여 여러 봉사단체나 사회공헌 활동에 참여함으로써 지속가능경영을 실천하고 있다. 지속가능경영은 규모와 영향력도 중요하지만 이보다 지속적이고 진실된 방법을 통하여 이해관계자에게 끊임없이 신뢰를 심어주는 것이 더 중요하다. 일시적이거나 남의 시선을 의식하지 않은 진정한 실천이야말로 기업의 경쟁력 향상과 더불어 사는 사회를 이루어 지속가능한 성장을 가능하게 할 것이다.

기업 외부공시활동의 새로운 도전

박경아_산업정책연구원 연구원

이제까지 국내기업들이 진행해온 공시활동들은 '빙산의 일각'에 비유될 수 있다. 북극에 떠있는 빙산이 전체의 10%만 물 위에 모습을 드러내고 있듯이, 우리는 지금까지 기업 활동 결과를 공식적으로 공표하는 수단인 대차대조표나 손익계산서라는 10%만을 가지고 평가해 왔다. 우리가 물속에 잠긴 나머지 90%의 잠재된 경쟁력과 가치를 제대로 평가할 수 있다면, 그리고 기업이 재무성과 이외의 90%에 해당하는 비재무성과를 보여줄 수 있다면, 이제까지 재무제표에 나타난 이윤추구결과로는 알 수 없었던 기업의 미래 지속가능 여부를 가늠할 수 있을 것으로 기대되고 있다.

미국을 비롯한 선진국에서는 이미 이러한 비재무적 활동의 공시결과를 도덕적이고 투명한 기업, 환경친화적인 기업을 투자대상으로 하는 사회책임투자(Social Responsibility Investment: SRI)의 참고자료로 활용하고 있다. 나아가 세계적인 추세는 기업들에게 사회책임 보고서(Social Responsibility Report), 지속가능성 보고서(Sustainability Report) 등과 같은 기업의 비 재무성과를 공시하도록 요구하고 있으며, 국제기구들은 이 같은 공시활동을 진작시키기 위해서 표준적인 가이드라인을 제안하고 있다.

이러한 가이드라인 중 대표적인 것이 국제적 환경단체연합인 환경책임경제연합(CERES)과 유엔환경계획(UNEP)이 1997년에 설립한 GRI(Global Reporting Initiative)의 '지속가능성 보고 가이드라인(Sustainability Reporting Guidelines)' 이다. GRI의 가이드라인은 기업이 지속가능경영 활동에 관련한 '경제적 성과', '환경적 성과', '사회적 성과' 의 3가지 성과결과에 대해 보고하도록 제안하고 있으며, 기업의 경영철학과 방침, 그리고 이를 위한 경영시스템을 설명함과 동시에 가능한 한 정량 데이터를 사용할 것을 권장하고 있다. 객관적인 정량 데이터는 지속가능성 보고서의 중요한 목적 중 하나인 이해관계자에게 정확한 정보를 제공하여 신뢰를 높이는 중요한 요소로 작용한다.

표 1. GRI 가이드라인의 개요

성과	범주	관점
경제	경제적 영향	고객, 협력업체, 직원, 자본 제공자, 공공부문
환경	환경	자재, 에너지, 물, 생물다양성, 배출, 폐수, 폐기물, 공급자, 제품과 서비스, 법규준수, 운송, 종합
사회	노동관행과 좋은 일자리	고용, 노사관계, 보건 및 안전, 교육과 훈련, 다양성과 기회
	인권	전력과 관리, 차별금지, 결사와 단체 협상의 자유, 아동 노동, 강제 및 강요 노동, 징계 관행, 보안 관행, 토착민의 권리
	사회	지역사회, 뇌물과 부패, 정치 기부, 경쟁과 가격책정
	제품책임	고객 보건과 안전, 제품과 서비스, 광고, 프라이버시 존중

출처 : GRI Sustainability Reporting Guidelines 2002, GRI

2005년 7월 기준으로 GRI 가이드라인에 맞추어서 보고서를 발간하는 기업들을 살펴보면 한국 기업 7개, 일본 기업 124개, 영국 기업 77개, 미국 기업 73개로 선진 국가들에 비해 지속가능성 보고에 대한 한국 기업들의 인식이 턱없이 부족함을 알 수 있다. 몇몇 국가들의 경우에는 정부가 주도적으로 기업들이 사회적 책임과 지속가능경영을 이행하는 분위기를 조성하고 이를 공시하는 정책을 적극적으로 추진하고 있기 때문에 국가 간 격차는 날로 커질 것으로 전망된다.

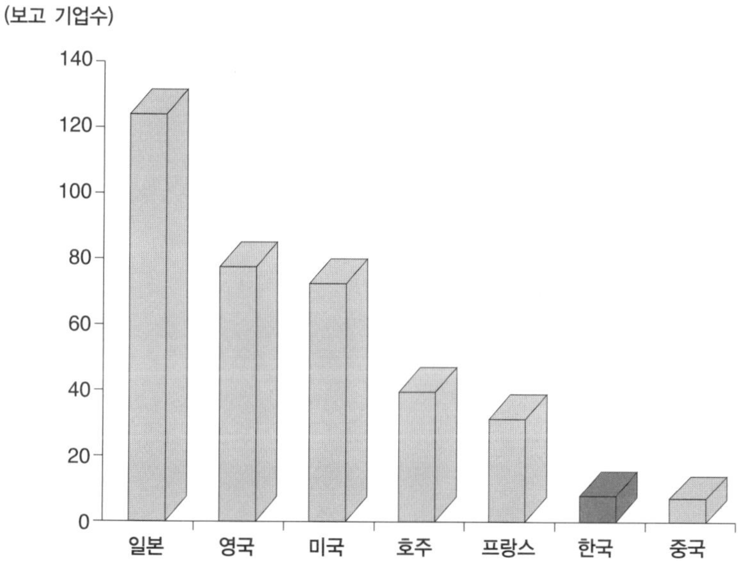

그림 3. 국가별 GRI 가이드라인을 채택한 보고서 발행 기업 수
출처 : Reporters Statistics, July 2005, GRI, 발췌 후 도식화

이제 우리나라도 기업이 사회적, 환경적으로 책임 있는 관행을 정착하고 일보전진을 하기 위한 이니셔티브가 필요한 시점이 되었다. 이러한 요구에 부응하여 '윤경포럼(사무국: 산업정책연구원)'은 아직까지는 지속가능경영의

개념이 생소한 우리 기업들의 정서에 거부감이 없도록 '한국형 지속가능성 보고 프레임워크'를 개발하고 있다. 동 프레임워크는 한국 기업들이 GRI 기준에 맞는 보고서를 발간하기 위하여 우선 보고 할 수 있는 것과 부족한 것은 무엇인지 제시하고 글로벌 지표가 간과하고 있는 지속가능경영을 위한 원인 변수들을 찾자는 취지를 가지고 개발되고 있다.

지난 6월에 동아일보사와 한국IBM BCS가 선정한 '존경 받는 30대 한국기업' 대상을 수상한 유한킴벌리가 현재 이러한 한국형 프레임워크에 맞는 지속가능성 보고서를 작성하고 있다. 올해 연말에 발간예정인 유한킴벌리의 지속가능성 보고서를 선두로 하여 한국형 지속가능성 보고 프레임워크가 앞으로 국내 기업들의 지속가능성 보고 확산에 기여 할 것으로 기대한다.

두번째 **프런티어 경영**

펀(Fun) 경영, 행복경영

웃음이 성공의 열쇠, 직원이 웃어야 기업이 웃는다!

21세기 기업의 새로운 전략으로 펀(Fun) 경영이 각광을 받고 있다. 보수적이고 딱딱한 조직보다는 즐겁고 유쾌하게 일할 수 있는 조직의 생산성이 높다는 인식이 확산되면서 '재미있고 신나는 일터'를 구상하는 기업들이 늘어나고 있는 것이다. 실제로 성공하는 기업의 종업원은 직장을 즐거운 곳으로 생각하고 있으며, 스스로에게 부여된 기회에서 동기를 찾고 이를 성과로 연결시킨다고 한다. 펀 경영은 작은 실천을 발판으로 경영자와 종업원 모두를 회사의 주체로 이끌어내는 경영방식이다. 종업원이 단순한 고용인이 아닌 주인으로 스스로 인식할 수 있을 때 그들은 보다 높은 목표를 설정하고 동기부여를 할 것이며, 이를 통해 기업은 기업 가치와 이익을 극대화 시킬 수 있을 것이다.

최근 국내 기업들이 재미있고 신나는 일터를 만들기 위해 다양한 시도를 하고 있지만 아직까지 일회성 이벤트에 그치는 기업도 적지 않다는 지적도 있다. 가식적인 펀 경영은 기업의 생산성과 연결되지 않을뿐더러 준비에 드는 노력으로 업무만 가중될 것이다. 기업 경쟁력의 핵심은 사람이다. 일과 즐거움을 동시에 만족시키는 사람을 존중하는 경영을 통해 기업과 종업원 모두 성공할 수 있는 윈윈전략을 추구해야 할 것이다.

펀(Fun) 경영, 행복경영

윤은기_서울과학종합대학원 부총장
산업정책연구원 연구고문

인간의 기본 욕구 중에는 '놀이'가 있다. 재미와 감동을 추구하는 본성인 것이다. 인간에게는 호모루덴스(Homo Ludens: 노는 인간)가 중요한 정체성이라고 할 수 있다. 21세기 들어 정보화, 글로벌화, 민주화된 경제환경이 확산되면서 20~30대를 중심으로 한 신세대들은 놀이와 재미를 통해 자신의 존재가치를 인식하려는 경향이 강해졌다. 이는 기성세대가 일과 소속감을 통해 존재가치를 인식하던 것과는 현격한 차이를 보이는 것이다. 이제는 '일'과 '놀이'를 대등하게 생각하거나, 놀이를 위해 일을 해야 한다고 생각하는 사람도 늘고 있다. 아예 일과 놀이가 혼재된 방식의 직업을 추구하는 경향도 나타나고 있다.

펀 경영(Fun Management)은 이러한 신세대들이 마음껏 일할 수 있는 여건을 제공한다는 의미가 있다. 21세기는 '재미있는 직장'이 일류기업이다. '나는 그곳에서 얼마를 벌 수 있나?'라는 개념에서 '그곳은 얼마나 재미있는 일터인가?'로 직장관이 바뀐 것이다.

미국 경영컨설턴트 톰 피터스는 기업에서 임원을 위한 교육프로그램을 짤 때 경영이론가만 초빙할 것이 아니라 마술사나 영화감독 또는 무용가 등을 초

빙하라고 충고하고 있다. 이런 사람들로부터 재미와 상상력을 얻을 수 있다는 것이다. 이는 "이제 엄숙한 CEO는 기업을 이끌어 갈 수 없다"는 그의 주장에서 비롯되었다.

혼다 자동차의 기업문화는 '열심히 일하고 열심히 논다' 이다. 작업은 정해진 시간 내에 완수하되 시간외 노동은 하지 말고 놀 때는 일단 신나게 놀아야 한다는 것이다. 이는 혼다의 경영철학 중 하나인 '세 가지 기쁨 - 만드는 기쁨, 파는 기쁨, 그리고 사는 기쁨' 에 입각한 것으로 다른 기업들이 '마른 헝겊도 비틀어 짜라' 고 강조할 때 '신나고 재미있게 일하자' 라는 기업문화를 통해 성과를 창출한 것이다. 미국에서 방송장비와 로봇 등을 생산하는 오데틱스의 경영자는 말했다. "아침에 일어나 출근하는 것이 즐겁지 않은 사람에게는 회사의 손익상태는 안중에 없게 된다. 인생은 직장생활의 재미를 경시해도 될 만큼 그렇게 긴 것이 아니다."

이러한 펀 경영의 핵심을 잘 파악한 경영자를 도입한 이 회사에는 '오락위원회' 라는 위원회가 있다. 위원회의 임무는 사원들을 위한 특이하고 재미있는 프로그램을 만들어 내는 것이다. 풍선껌 불기대회, 점심시간에 잔디밭에서 하는 연극, 맨발댄스파티 등 다양한 프로그램을 개발해서 직원들을 신나게 해주고 있다. 그 뿐만이 아니라, 이 회사에는 체육관, 수영장, 야구장, 배구장이 있고 트레이너까지 상주하고 있는데다가 요가나 지압 등의 스트레스 해소 프로그램도 운영되고 있다.

"이 회사처럼 재미있는 곳은 없다. 그동안 다른 직장을 그만둔 것은 딱딱한 표정을 짓고 있는 사람들과 일하는 것이 싫었기 때문이다. 타임레코더로 출퇴근 시간을 기록하고 8시간 근무 등 판에 박힌 직장생활은 정말 짜증이 난다"고 사원들은 증언한다. 회사의 펀 경영 덕분에 사원들의 만족도와 충성도는 올라가고, 자연히 일의 효율도 올라간다.

미국의 한 컴퓨터 소프트웨어 회사는 신입사원을 뽑을 때 독특한 기준을 가지고 있다. '잘 웃는 사람', '재미있게 웃는 사람'을 뽑는 것이다. '웃는 모습과 업무능력은 서로 통한다'는 것이 이 회사의 판단이다. 잘 웃는 사람을 뽑아서 재미있게 일할 수 있는 여건을 만들어주면 경영성과는 높아지게 마련이라는 것이 이 회사가 추구하는 펀 경영 개념이다.

로버트 리버링과 밀턴 모스코위츠는 미국에서 가장 일하기 좋은 100개 기업을 선정하면서 선정기준을 다음과 같이 제시하고 있다.

첫째, 연봉이 업계에서 최고이거나 그에 가깝고 이례적이고 독특한 수당을 주는 회사, 그리고 직원과 그 가족에 대해서 특별한 배려를 하고 있는 회사

둘째, 많은 교육프로그램을 운영하고 있어 직원들이 새로운 기술을 배우고 하위직원들이 최고경영자까지 승진할 기회를 가진 회사

셋째, 경영이 어려울 때도 쉽게 인원 감축을 하지 않는 회사, 만부득이 해고할 경우에도 직원들에게 상처를 주지 않는 회사

넷째, 직원들이 자신이 성취하는 일을 자랑스럽게 여겨서 자신의 업적을 인정받을 수 있는 회사

다섯째, 최고경영층과 부하직원간에 원활한 대화 통로를 가지고 있으며 일

선 근로자의 건의, 비판, 불만을 기꺼이 수용하는 회사

여섯째, 직원들이 같이 일하고 같이 노는 것을 즐길 수 있는 회사

물론 이런 여섯 가지 조건을 완벽하게 갖춘 기업은 흔치 않지만 오늘날 초일류기업들은 이 여섯 가지 조건을 상당부분 충족하고 있거나 완벽한 충족을 위해 노력하고 있다는 것이다.

미국의 사회학자 울프는 21세기 경제의 특징을 '엔터테인먼트 경제(Entertainment Economy)' 로 규정하고 있다. 엔터테인먼트 경제의 의미는 크게 두 가지가 있다. 첫째는 오락, 레저, 관광, 스포츠, 영화, 게임 등 엔터테인먼트 산업이 중심산업으로 자리잡게 된다는 것이고, 둘째는 모든 산업에 엔터테인먼트 요소(E-factor)가 결합되어야 성과가 나타난다는 것이다. 예를 들어 교육에 E-factor가 결합되면 에듀테인먼트(Edutainment)가 되고 스포츠에 E-factor가 결합되면 스포테인먼트(Spotainment)가 되는 것이다. 따라서 21세기에는 '노동' 이라는 개념 대신에 작업 또는 작품활동(Work)에 E-factor를 결합시킨 워크테인먼트(Worktainment)를 추구한다는 것이 펀 경영의 개념이라고 할 수 있다.

펀 경영은 '행복경영(Happy Management)' 과도 연결되어 있다. 인간은 절대 빈곤에서 벗어나면 점차 상위욕구를 추구하게 된다. 이제 우리나라도 경제발전과 민주화의 진전으로 '인권', '생존권' 의 개념이 '삶의 질' 과 '행복추구권' 의 개념으로 이동하고 있다. '행복하게 살 권리가 있다', '행복하게 사는 것이 성공이다' 라는 인식이 확산되고 있는 것이다.

IBM을 재건시킨 루 거스너의 경영스타일을 다룬 '코끼리를 춤추게 하라(Who says Elephants can' t dance?)' 의 사례나 경영컨설턴트 켄 블랜차드의 '겅호(Gung Ho)' 그리고 '칭찬은 고래도 춤추게 한다(Whale Done!)' 등은 기존의 통제지향적인 경영 방식에서 벗어나 일하는 방식과 기업문화를 펀 경영과 행복경영으로 바꾸었을 때 얼마나 큰 성과를 얻을 수 있는지를 잘 보여주고 있다.

펀 경영과 행복경영은 조직구성원들이 재미와 행복감을 느끼며 일할 수 있는 경영방식이지만 이는 고객에게 재미와 행복감을 줄 수 있을 때 효과가 극대화되며 궁극적으로는 '신나고 재미있는 사회' 그리고 '행복한 사회'를 만드는 일에 기여할 수 있도록 설계되어야 한다.

펀 경영, 행복경영이 이끌어 낼 수 있는 성과는 대체로 다음과 같다.

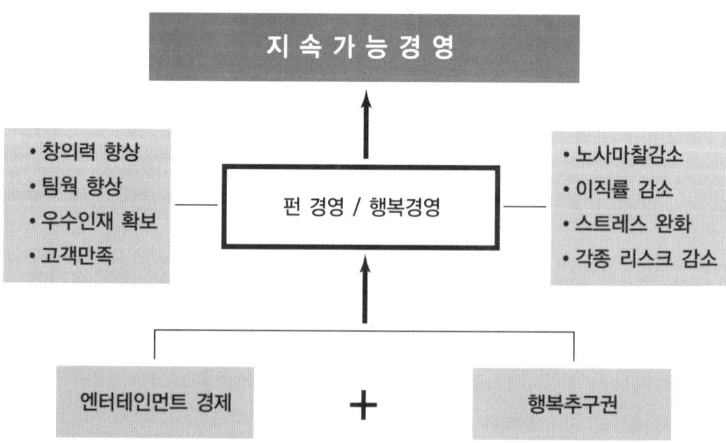

그림 4. 행복경영의 배경과 성과

첫째, 직원들의 창의력이 향상된다.

둘째, 팀웍이 좋아지고 조직이 활성화된다.

셋째, 조직 내 갈등이 해소되고 노사관계가 좋아진다.

넷째, 고객만족도가 높아지고 기업이미지가 좋아진다.

다섯째, 우수인재와 핵심인재의 채용이 수월해지고 이직률이 낮아진다.

여섯째, 직원들의 신체적, 정신적 건강이 증진된다.

일곱째, 윤리경영과 사회적 공헌이 활성화된다.

여덟째, 기업의 수명이 연장된다. 즉 지속가능경영에 도움이 된다.

밸런스 경영을 통한 행복 창출

하수경_산업정책연구원 선임연구원

최근 기업의 핵심 경쟁력이 내부고객 즉, '사람'이라는 인식이 강화되고, 구성원들에게 제공하는 가치를 생각할 때 떠오르는 총체적인 이미지인 고용 브랜드의 중요성이 확산되면서 구성원들이 행복하게 일할 수 있는 기업 문화를 조성하고자 하는 행복경영이 새로운 경영 패러다임으로 자리잡아 가고 있다. 행복경영의 기본 철학은 직원 존중 경영에 의한 직원만족이 우선이며, 직원에게 행복감을 느끼게 해주면 그 경험이 고객에게 전달되어 함께 행복을 느끼게 된다는 것이다.

이러한 행복 경영의 일환으로 직원들의 일과 삶의 균형(Work and Life Balance)을 배려하는 밸런스 경영이 그 중요성을 더해가고 있다. 밸런스 경영은 지금까지 간과해왔던 직원들의 심리적 균형까지 배려하는 것으로 임금과 승진의 외적 보상을 통한 동기 부여가 아닌 직원들 스스로에게 행복, 즐거움, 재미를 추구하는 내적 보상이 가능하도록 경영 환경을 바꾸어 일할 맛 나는 직장을 만드는 경영을 말한다.

일과 삶의 균형은 가정과 건강, 성장, 여가라는 세 가지 차원의 균형으로 나누어 볼 수 있다. 가정이 편안하고 건강해야 일에 충실할 수 있으며, 조직 내에서 나의 성장이 이루어 질 수 있어야 회사의 발전도 가능한 것이기 때문이다. 또한 여가에 대한 중요성이 확대되면서 이에 대한 배려가 중요시되고 있다.

이에 국내 기업들도 일과 삶의 균형을 배려하는 다양한 지원 제도를 운영하고 있다. 현대카드 · 현대캐피탈은 지식 교양강좌를 개최하고 있는데 미혼 직원들을 위해 '선남선녀를 위한 연애학 특강' 을 실시하고 직원 자녀들을 위한 '어린이 경제 캠프' 등을 개최하였다. 이는 직원들이 안정적인 가정을 이루도록 돕는 것도 회사의 경쟁력 제고라는 일환에서 이루어진 것이다. 또한 북 카페보다 멋진 인테리어를 자랑하는 도서관을 마련하여 직원들이 필요로 하는 다양한 지식을 쌓을 수 있도록 하고 있으며, 직원들에게 현업을 떠나 생활의 재충전 기회를 제공하기 위해 여행 계획서만 제출하면 항공권은 물론 숙박비 등 여행 일체의 비용을 제공하는 'Global 배낭여행' 제도를 운영하고 있다.

일과 삶의 균형을 추구할 수 있게 배려하는 다양한 제도는 구성원들의 삶의 질을 높임과 동시에 소식의 성과도 향상시킬 수 있다. 실제로 미국 포춘지가 선정한 '일할 만한 100대 기업' 의 주요 특징 중 하나는 일과 삶의 균형을 이룰 수 있는 다양한 프로그램을 운영하고 있으며 이에 대해 적극적으로 지원한다는 점이다. 특히 SAS Institute사는 포춘지가 선정하는 일할 만한 100대 기업에 올해로 8년째 기록되고 있는데, 건강관리를 위한 각종 센터를 운영하고 있으며 육아지원프로그램 등 다양한 일과 삶의 균형을 배려하는 프로그램을 운영하고 있는 것으로 유명하다.

이제 직장은 단순히 일하는 곳이 아니라, 종업원들이 '재미있게', '행복하게' 일과 삶을 함께 영위하는 곳이며, 종업원들에게 행복을 제공하는 기업이 고객의 행복 또한 창출할 수 있다는 점에서 삶과 질의 균형을 제공하는 밸런스 경영은 기업들에게 시사하는 바가 크다고 할 수 있다.

▶ **참고문헌**

김정운(2005), 노는만큼 성공한다, 21세기 북스

오익재(2005), 펀경영, 월간조선사

황인경(2002), 일과 삶의 균형을 위한 복리후생, 삼성경제연구소

www.hyundaicapital.co.kr

www.hyundaicard.com

‘즐거움(Fun)을 말한다’ : LG전자의 펀 경영
Fun Management

김민성_산업정책연구원 연구원

문화의 시대는 여성(Female), 감성(Feeling), 즐거움(Fun)이 세상을 이끄는 3F 시대라고 한다. 이 핵심 키워드 중 즐거움을 경영 전략에 접목하여 1990년 초부터 미국에서 유머를 유도하고 직장 내 분위기를 활성화시켜 재미있는 일터로 만드는 펀 경영(Fun Management)이 새로운 경영 트렌드로 자리잡고 있다. 대표적인 펀 경영 기업으로 미국의 사우스웨스트 항공사를 들 수 있다. 직원들이 ‘오늘은 또 어떤 재미있는 일이 있을까’를 생각하면서 출근하게 만드는 사우스웨스트 항공사는 신나고 재미있는 직장 분위기를 조성하고 엔터테이너적인 CEO와 직원 채용 과정에도 유머 감각을 강조한다. 이러한 기업 문화를 바탕으로 사우스웨스트 항공사는 직원들의 높은 업무 만족과 몰입을 유도하여 정시 이착률, 낮은 짐 분실율, 높은 고객 및 투자자 만족으로 경이적인 성장을 기록하며 존경 받는 기업으로 인식되고 있다.

우리나라에서도 대기업을 중심으로 펀 경영이 빠르게 확산되고 있는데 대표적인 기업으로 LG전자가 있다. 디지털과 감성 시대에 세계 초일류 기업으로 성장하기 위해 LG전자는 2002년부터 ‘1등답게, 재미있게, LG답게’라는 캐치프레이즈 아래 펀 경영을 도입하였다. 매월 셋째 주는 ‘스트레스 제로 데이’, 매달 숫자판에 화살을 던져서 나온 5자리 숫자와 사번 5자리 숫자가 일치하는 사원에게 휴가와 상품권을 주는 'FUN 데이', 그 누구도 피해 갈 수 없는 무작위 이메일 지령 '미션 임파서블', 신입사원 감동 프로젝트 '신규입사 케어링(Caring) 프로그램', 친목 도모 '알까기 최강전', 영어 학습 'English Ring The Golden Bell 퀴즈 대회', 우수사원 포상 '열심히 일한 사우 떠나라' 등 다양한 이벤트를 통해 재미있고 일할 맛 나는 일터 만들기에 주력하였다.

이러한 펀 경영이 LG전자의 기업 생산성을 얼마나 증가시켰는가에 대한 수치화된 결과는 없으나, 업무 부담과 스트레스 완화로 인한 효율성 증가를 비롯하여 상사와 부하 직원 관계 개선과 팀원들끼리의 단결을 가져와 팀워크를 증가시켰다는 점에서 임직원들로부터 좋은 호응을 얻고 있다. 도입 초기 시에만 해도 아이디어가 없어 고민하였으나, 1년 만에 여러 이색적인 아이디어로 다른 계열사로도 전이되었다.

펀 경영은 일하기 즐거운(Fun to work) 직장 만들기와 더불어 어떻게 하면 사용하기 즐거운(Fun to use) 상품 혹은 서비스를 만들 것인가를 고민하는 전략이다. 즉 직원들의 창의력을 자극하는 조직을 만들어 먼저 직원에게 재미를 주면 그 경험이 고객에게 전이되어 함께 행복을 느끼게 된다는 것이다.

LG전자의 즐거움(Fun)의 강조는 일터에서뿐만 아니라 브랜드 영역까지 확대되어 제품의 컨셉(Concept)과 마케팅으로도 활용되고 있다. 젊고 쿨한 신세대들을 겨냥하기 위해 LG전자는 대표 제품인 LG 싸이언의 컨셉을 '새로움(News)' 과 '즐거움(Fun)' 으로 잡고 브랜드 슬로건 「CYON idea」를 런칭하였다. 원빈과 김태희를 모델로 기존 광고와는 달리 궁금증을 유발하는 「CYON idea」 티저(Teaser) 광고를 방영하고 최대 포털 사이트인 네이버와 연계하여 '내가 생각하는 「CYON idea」의 의미는 무엇일까' 를 타이틀로 활발한 온라인

프로모션 활동을 하는 등 고객들의 궁금증을 자극하고 엉뚱한 상상과 재미를 주어 LG만의 차별화된 브랜드 이미지로 구축하기 위해 노력하고 있다.

삶의 질을 중시 여기는 현대인들에게 즐거움이란 생활의 비타민과 같은 것이다. 아무리 많은 금전적 보상이 따른다 해도 살벌하고 경직된 직장에서 일하기를 원하지 않으며, 그러한 환경에서는 직원들의 열정과 창의성을 이끌어 낼 수 없다. 아직 도입 초창기인 LG전자의 이와 같은 신선한 시도들이 지속적으로 실행되고 성공하기 위해서는 직원들에게 활력을 불어 넣어 주는 Chief Entertainer Officer로서의 CEO의 전폭적인 지지와 일회성 위주의 이벤트를 탈피하여 확고한 기업 문화로 자리잡을 수 있도록 하는 시스템 구축이 필요하다.

▶ **참고문헌**

오익재(2005), 펀경영, 한국 커뮤니케이션연구 소장
www.lge.co.kr
www.cyon.co.kr

▶ **기업소개**

LG 전자는 1958년 금성사로 출발한 이래 40년간 전자 · 통신 분야에서 혁신적인 기술과 제품을 개발하고 과감한 R&D 투자와 글로벌 마케팅, 지속적인 혁신활동을 통해 세계 초일류 기업으로 성장하고 있다.

표 2. 연간매출액

(단위: 억원)

	2000년	2001년	2002년	2003년	2004년
매출	148,357	166,010	186,202	201,769	246,593

출처 : LG전자

세번째 **프런티어** 경영

디자인 경영

디자인 力이 경쟁력!

소비자들의 감성니즈가 증가함에 따라 디자인이 기업경영의 화두로 떠오르고 있다. 이에 따라 전 세계적으로 디자인경영의 중요성이 증대되고 있으며, 사람의 마음을 사로잡을 수 있는 디자인을 개발할 수 있는 역량이 곧 핵심 경쟁력으로 부상하였다. 선진기업들은 이미 디자인경영을 기업의 핵심전략으로 활용하여 세계 시장을 석권해 나가고 있으며, CEO가 확고한 디자인 마인드를 갖고 이를 적극 추진해 나가고 있다. 국내에서는 1990년대 이후 삼성전자, LG전자, 현대 · 기아자동차 등 대기업을 중심으로 디자인경영이 강조되기 시작하였다. 이 결과 삼성전자와 LG전자의 해외 디자인상 수상 건수는 1998년 11건에서 2004년 65건으로 늘어나는 등 국내기업의 디자인 경쟁력이 크게 강화되고 있다.

디자인 경영은 이미 전세계 트렌드이다. 아직 선진국의 70~80% 수준에 불과한 국내 기업의 디자인 경쟁력을 향상시키기 위해 디자인 경영을 위한 환경조성과 인프라 강화, 우수 디자이너 육성 등의 정책에 더 큰 노력을 아끼지 말아야 할 것이다.

전사적 이미지 경영

서일윤_서울과학종합대학원 교수

21세기의 세계 경제는 창의성과 개성에 바탕을 둔 지식, 정보, 기술이 국가경쟁력을 좌우하는 '지식 기반경제'로 전환되고 있다. 이는 경제 권력의 원천이 물질에서 정신으로 옮겨가고 있음을 의미하며, 이는 곧 시장의 관심과 그에 따른 경영 논리의 초점 변화로 나타난다. 이제 경영자는 어떻게 잘 팔리는 제품을 만들 것인가 보다 어떻게 고객을 감동시키는가, 어떻게 신뢰와 사랑을 받는 기업이 될 것인가 라는 새로운 과제를 부여받고 있다.

영국의 철학자이며 작가인 로버트 번스톤(Robert Bunston, 1577~1640)은 "스타일은 우리들 자신을 무심코 드러낸다(Stylus Virum Arguit)"고 하였다. 프랑스의 자연학자이며 작가인 게오르게스(Georges-Luis de Buffon, 1707~1788)는 "스타일은 인간 그 자체이다(Le style est I' homme mene)"라고 말하기도 했다. 아름다움을 추구하는 것은 인간이 가진 본능 중 가장 진실한 것이다. 우리가 '아름답다, 멋지다'라고 감탄하는 경우 그 대상을 면밀히 관찰해보면 조화, 통일, 균형이라는 미의 조건을 충족시키고 있음을 알 수 있다. 기업도 마찬가지다. 사람을 자연인이요, 기업을 법인이라 부르는 것은 기업도 역시 하나의 인격적 완성체이며, 이제 기업도 이윤만으로는 성공과 실패를 가늠할 수 없는 시대이며 고객의 머리에 아름다운 기업으로 인식되고 사랑받아야 장수와 지속이 가능한 시대가 되었음을 의미하는 것이다.

이러한 시대적 변화는 가격, 품질에 대한 탐색비용(Searching Cost)의 감소로, 그리고 이미지에 따라 소비하는 시장 특성의 변화로 나타나고 있다. 따라서 이는 기존의 생산과 마케팅에 이르는 비즈니스 가치사슬의 활동에 무형적, 감성적 요인의 강화가 요구되는 변화로 이어진다. 이제 기업환경은 단순히 이윤추구가 아니라 지속적 성장을 위한 윤리, 신뢰, 이미지 강화에 가일층 주력해야 하는 새로운 기업 변신을 요구하고 있는 것이다. 또한 작금의 현실은 기업이미지가 단순히 매력적인 기업으로 포장하는 수단이라는 인식의 차원에서 기업의 내외부적 경쟁력을 강화하는 자산이라는 새로운 개념으로 정착되고 있다. 이러한 환경변화 속에서 기업은 브랜드, 기업이미지, 디자인 등의 스타일 전략 즉 외형적 이미지의 구축과 기업정체성 및 기업 문화의 형성과 부각 등을 달성하는 내용적 노력을 좀 더 구체적 시스템 활동으로 정착시킬 필요가 있다.

인간은 자신이 일상생활에서 접하는 타인이나 대상, 개념 등에 대해 이미지를 형성한다. 월터 리프먼(Walter Lippman)은 이미지란 인간이 자극대상에 대해 가지는 상이라고 정의하고 있으며(1965), Erickson 등은 이미지 변수가 본질적으로 정서적인 것이 아니라, 소비자의 추론을 통해 신념에 직접적인 영향을 미치고 태도에 간접적인 영향을 미친다는 것을 밝혀냈다(G.M. Erickson, J.K.Johnson & P. Chao, 1984). 기업이미지란 기업의 전반적 특성에 대하여 고객과 사회일반이 주관적으로 평가하는 결과의 총체이다.

그러나 현 기업의 이미지 구축 활동을 들여다보면 수많은 문제점이 있음을 발견하게 된다. 첫째, 동일한 목표에 대한 공감이 이루어지지 않는다는 것이다. 기업은 분산된 조직 구조와 각기 다른 생각의 배경을 가진 사람들의 집합체이다. 일관성이 요구되는 기업의 아름다운 모습 만들기는 최고경영자가 원하는 기업의 가치 정체성(Identity)에서 출발하여 내부 조직을 아우르고 제품과 브랜드, 기업 커뮤니케이션 등의 다양한 경로를 거쳐 최종적으로 고객의 인식 속에 하나의 이미지로 맺히는 긴 프로세스를 거치게 마련이다. 이 협력 과정이 분산된 조직 디자인과 분산된 업무 처리 과정이라는 프로세스를 거치면서 어느 부분에서 흠결이 있게 되면 이미지 파이프라인은 흠결이 있는 부분만큼 약하고 가치가 떨어지며 의도하지 않은 다른 이미지로 형성되는 것이다. 또한 이 과정은 기업 내의 다양한 구성원이 가진 이미지 전략에 대한 각기 다른 인식이라는 결과를 낳으며 기업 실체 그 자체나 의도와는 사뭇 다른 이미지로 고객에게 전달, 보관되는 오류를 낳는다.

표 3. 기업이미지 구축에 대한 직급별 인식

구분		내용
최고 경영자		MI, BI, VI를 별개로 인식하며, 하나로 통합 추진하는 것에는 대체적으로 인식부족
스텝부서	기획전략	국제화, 중장기 계획 등 비전중심으로 취급, 이념과 이미지에 대한 상대적 관심 부족, 비전 프로젝트로 취급
	인사	인사, 교육의 큰 방향으로서 비전, 이념 등 조직문화 전반에 관심
	홍보	비전, 이념보다는 이미지의 광고전략화 등 현업의 당면과제에 중점
	마케팅	조직문화, 이미지에 대체로 공감하나, 결국 현업에 영향을 미치는 패키지, 광고 등에 관심이 많음
구성원		조직문화, 이미지 모두 원론적으로 동감하나 관심 가질 기회가 없음

둘째, 이미지 전략 자체에 대한 인식 부족이다. 이미지 전략의 시대적 흐름은 1960년대 시각 표현물 중심의 커뮤니케이션 디자인 중심에서 1970년대 조직, 제도 중심의 기업 체질 변화, 1980년대 제품이나 서비스 중심의 전사적 브랜드 전략으로 1990년대 비전과 경영 전략을 중심으로 내부 역량 강화에 초점이 맞추어져 왔음을 알 수 있다.

표 4. 시대별 이미지 전략

구분	비주얼 아이덴티티중심	기업문화 중심	조직전략 중심	커뮤니케이션 중심
중심 변화계기	1907년 베타바란 스라는 건축가에 의해 회사 마크를 사용하면서 시작됨	1970년대 나카니시모토의 MI, BI, VI의 통합 활동	일본 미쓰비시 종합연구소의 SCI 전략기업 전략과 소프트 시스템형 활동	CC, CM 커뮤니케이션 중심의 활동
중심활동	이미지 차별화	이미지 구축화	이미지 내재화	이미지 발산화
중심시대	1960대 초	1970년대	1980년대	1990년대
중심개념	HD, VI, DP	CIP, CCS	SCI	CC, CM

이는 구성원의 개념적 혼란이라는 이해 한계의 원인을 제공하며, 기업별로는 기업이미지 전략 추구 조직이 각기 다른 한계 그리고 각 전략주체들이 가지는 부분적 시각이나 대립적 시각에서의 전개라는 딜레마, 즉 기업차원보다는 부서나 프로젝트 차원의 전략 추진에 머무르는 한계와 일시적인 효과나 광고 한편의 인지도 개선을 기대하는 단기적이며 일회성적인 전략 활동에 머무르게 하는 한계를 보여준다. 또한 이러한 활동들은 기업 내에서 높은 비용과 리스크로, 또한 기업이미지에 대한 신뢰와 호감도를 강화하고 체계적인 이미지로 관리하는데 난제로 등장한다.

누구에게나 공감되는 아름다운 인간이란 조화된 인간이다. 정직성, 멋진 스타일, 높은 가치와 완성을 추구하는 노력이 겸비되고 일관될 때 우리는 그런 인간에게 신뢰를 갖는다. 기업도 마찬가지다. 한 번의 연출이나 외모 가꾸기가 그 기업의 이미지를 변화시키지는 못한다. 이처럼 기업 이미지 전략은 활동, 성격, 구성요소 등 계획-활동-평가에 이르는 전략의 총체적 시스템으로 전개되어야 하며 기업 차원의 이미지 강화 전략을 추구하는 기본 철학의 정립과 지속적 전개를 통해 달성되는 것이다.

이러한 한계를 극복하기 위해 통합 이미지 경영이라는 전략적 사고가 요구된다. 통합이미지경영(Total Image Management)이란 한 기업이 기업이미지를 관리 또는 강화하기 위해 이루는 종합적인 전략 활동을 의미한다. 처음 개념은 1998년 브랜드 아이덴티티 전략을 위한 모델로 'BrandOne' 이라는 컨설팅 회사에서 브랜드 중심으로 설계되었으며, 2000년 Jeam Leon Bouchenoire에 의해 소개되었다. 이러한 개념은 TQM(Total Quality Management), IMC(Integrated Marketing Communication)와 같이 부분적으로 이루어지던 기업이미지 강화를 위한 활동들이 일련의 프로세스로 통합된다는 특징을 가진다.

통합이미지경영의 개념모델은 기존에 데코마스(DECOMAS), CIP, CM 전략, SCI 전략, IMC 모델, BrandOne의 TIM 모델들의 한계와 단점에 대한 보완을 기반으로 하였다. 또한 기업경영 차원의 수준에서 고객과 시장에 대한 적극적인 반영을 특징으로 하고 있으며, 구성 요소적 측면보다는 활동시스템 구축을 목적으로 기업의 지속적 전략화, 관리화, 내재화에 더욱 큰 의미를 두고 있다.

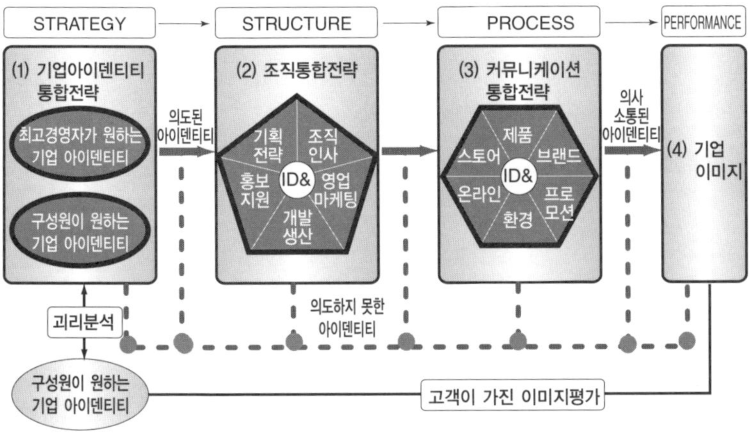

그림 5. 통합이미지경영의 개념모델

통합 이미지 경영 모델의 개념적 특성은 다음과 같다.

첫째, 기업이 필요로 하고 표출하고자 하는 명확한 아이덴티티의 개념을 구축하는데 있다. 기업의 이념과 철학을 창출하는 최고 경영자의 아이덴티티와 기업 내부적으로 형성하는 아이덴티티, 시장의 고객이 느끼고자 하는 아이덴티티가 일관되게 구축되지 않는다면 명확하고 성공적인 기업이미지는 결코 정착될 수 없기 때문이다.

둘째, 통합적 활동을 위한 조직 디자인이다. 일련의 시각적 디자인 활동이나 마케팅 활동만이 아니라 아이덴티티를 효과적이고 효율적으로 표출하기 위한 내부적인 합의는 전사적인 조직전략의 구성과 전개에서 비롯되기 때문이다.

셋째, 커뮤니케이션의 통합이다. 결과적으로 기업이미지 통합은 시장과 고객에게 전달됨으로써 성과를 얻는 활동이므로, 아이덴티티 전략을 수립하고 그에 따라 기업조직, 활동적 통합 체제를 수립하며 구체적인 커뮤니케이션 시스템에 따른 통합적 기업이미지 표출이 효과적으로 이루어질 수 있어야 한다.

넷째, 평가의 중요성이다. 결과적으로 이러한 활동은 평가와 피드백을 통해 기업과 고객이 느끼는 기업이미지의 합일을 이루어낼 수 있으며, 기업의 전략적 재선택을 돕게 된다. 살아 있는 생물과도 같은 기업의 활동은 끊임없이 변화를 위해 노력하는데 성공의 비결이 있으며, 이는 기업의 이미지 또한 기업의 변화에 따른 적절한 전략적 체계와 시장과의 지속적 커뮤니케이션에서 비롯된다는 것이다. 따라서 전략적 활동 후에 평가와 피드백을 통한 지속적인 전략 체계 구축이 요구된다.

이제 특정 기업의 경영이 기업의 비전과 이념을 기반으로 이루어짐으로써 일관성 있는 경영이 확립될 수 있고, 이를 통해 기업의 이미지 제고가 가능해진다는 점이 분명해졌다. 이미지가 좋은 기업에는 우수한 인재의 유입이 용이하며 시장에서의 이미지 점유율은 시장 점유율과 일치된다는 이미지 마케팅의 관점에서 볼 때, 뚜렷한 목표와 철학의 설정 및 이에 따른 경영의 일관성 확립은 매우 중요한 과제가 아닐 수 없다.

또한 통합이미지 경영은 기업 내의 구심점 확립에 따라 내적 능력의 극대화를 이루어낸다. 기업의 비전이 기업 경영의 구심점으로 자리를 잡게 되면 임직원들 각자의 노력이 낭비되지 않고, 이를 중심으로 결집될 수 있어 조직 능력의 극대화 또한 기대할 수 있다.

이제 기업은 소프트 경쟁력을 통해 지속적 성공을 이루어 내야 하는 시점에 봉착해 있다. 경영이란 어떤 일이 이루어지도록 하는 사회적 역할이며 경영자란 하얀 캔버스위에 수많은 협력자들과 함께 통일과 균형, 그리고 강조와 대비 등을 이루어 내야 하는 조화로운 지휘자다. 아름다운 기업 만들기는 이제 기업의 사회적 책임이다. 기업 이미지 강화를 위한 노력이 보다 장기적인 안목과 전략적으로 실현될 수 있는 시스템적 활동으로 정착되어야 할 때다.

제품에 혼을 불어넣는 디자인, 디자인경영

이나연_산업정책연구원 연구원

1993년, 삼성전자 정보통신 부문 디자인 고문이었던 후쿠다 시게오는 "디자인을 단지 그림을 그리는 것으로 여기는 발상과 경영진과 디자이너의 관계를 수직적, 주종적 관계로 인식하는 것은 후진적"이라 신랄하게 분석한 보고서를 삼성전자 상부에 제출한다. 일명 후쿠다 보고서라 불리는 이 보고서는 삼성전자의 전격적인 경영혁신을 불러오는 기폭제가 되었다. 후쿠다 보고서는 90년대 국내 경영계와 산업을 리드하던 대기업에서도 디자인의 중요성에 대한 인식이 미미했다는 것을 보여준다.

그러나 지금 국내의 대기업들은 세계 시장에서 굴지의 글로벌 기업들과 당당히 어깨를 겨루고 있다. 경쟁력이 되어준 것은 소비자의 감성적인 욕구까지 이해하고 반영하며, 기능적인 면까지 고려하며 제품에 스토리를 불어넣는 디자인이었다.

국경을 초월하여 소비자에게 사랑 받는 제품은 모두 빼어난 디자인을 보유했다는 데에서 그 공통점을 찾을 수 있다. 특히나 까다로운 한국 여성들의 기호 덕분에 화장품 테스트 마켓으로 선호 받고 있는 우리나라에서 업계 1위를 놓치지 않는 태평양, 그리고 디자이너가 존경하고 선호하는 기업 스와치는 심미

성과 기능성을 모두 만족시키는 뛰어난 디자인을 제품에 더하며 브랜드 이미지를 높이고 고유의 스토리를 불어넣어 세계 시장에서 주목 받는 기업들이다.

▶ 태평양은 지난 1945년 설립된 이래 혁신적인 구조조정, 선진 기술의 도입 등을 통하여 꾸준히 성장해 자본금 5백 30억 원, 종업원 수 3천 1백 50명, 해외 현지법인 8개에 화장품을 비롯해 생활용품, 헬스부문에서 2004년 기준 1조 1천 53억 원 규모의 매출을 달성한 국내 1위 화장품 기업으로 발전하였다.

이러한 태평양의 괄목할 만한 성장에 견인차 노릇을 한 것은 다름 아닌 디자인이다.

태평양은 내적, 외적 아름다움을 제공하는 토탈뷰티기업을 표방하고 있다. 美를 선물하는 기업이니 만큼 태평양이 디자인에 기울이는 노력은 다른 글로벌 기업 못지않다. 태평양은 2000년대 초 디자인 센터와 마케팅 부문을 통합하여 마케터와 디자이너의 원활한 커뮤니케이션을 도모하고 있다. 그리고 화장품 디자인팀인 럭셔리디자인(LD)팀, 생활용품과 브랜드 디자인팀인 매스디자인(MD)팀, S&I 디자인팀 등 3개의 디자인팀을 두고 전문적으로 각자의 분야를 전담하도록 하고 있다.

태평양의 디자인 개발은 단지 외형적인 아름다움만을 추구하는 것에 그치지 않는다. 제품의 개발 단계에서부터 시각적 즐거움 뿐 아니라 다른 감각들을 즐겁게 하고 기능적인 면에서도 만족을 느낄 수 있도록 R&D 부문 또한 강화하고 있다.

이러한 디자인 개발 노력의 결과 2002년에는 대한민국 디자인대상에서 대상을 수상하였고, 2003년에는 뉴욕페스티벌 디자인부문에서 아모레퍼시픽(브랜드)이 디자인 월드 골드 메달을 수상하였다. 헤라 뮨 향수도 패키지 부문에서 월드스타 상을 받았다. 그리고 2005년 8월 한 브랜드가치평가 기관에서 조사한 설문조사에서는 네티즌이 가장 선호하는 화장품으로 선정되기도 하였다.

가장 까다로운 화장품 소비자로 불리는 한국 여성들을 만족시킨 태평양은 2015년까지 화장품에서 10개의 메가 브랜드(1억 달러 이상의 매출을 올리는 브랜드)를 키워 세계 10대 화장품 회사로 성장한다는 전략을 세우고 있다. 이너 뷰티를 위한 제품과 그 제품 자체의 아름다움. 바로 태평양이 추구하는 디자인 목표이자 세계 시장을 향해 발돋움하고 있는 태평양의 무기이다.

▶ 스와치는 시계에 디자인의 개념을 불어넣어 '시계, 그 이상의 것'을 만드는 창조적 기업이다. '째깍거리는 디자인', '세상에서 가장 작은 캔버스', '손목 위의 예술' 등은 모두 세상이 스와치를 칭하는 또 다른 이름들이다.

스위스의 시계 산업은 세계 시계 시장의 51%를 차지하는 위용을 보이고 있다. 이 중에서도 스와치 그룹이 전 시계 시장의 1/4 이상을 점유하고 있다. 세계를 통틀어 판매된 스와치 시계는 2000년도 당시 2억 5천만 개. 전 세계 젊은이들이 스와치 시계를 하나씩 가지고 있다고 해도 과언이 아니다.

그러나 처음부터 스와치가 순조로운 길을 걸어온 것은 아니다.

무너지지 않는 성벽인 듯 했던 스위스의 고가 시계 산업은 1970년대 후반 값싼 노동력과 기술력으로 돌진해오는 일본과 홍콩의 저가 시계에 밀려 몰락하는 듯 보였다. 80년대 초에는 세계 시계 시장에서 스위스 시계가 차지하는 비중이 43%에서 15%로 뚝 떨어졌다. 이는 곧 머지않아 스위스 시계보다 월등히 앞선 제품이 시장에 등장할 것이라는 위기의 신호이기도 하였고, 시계가 더 이상 부의 상징이 아니라 모두에게 필요한 생필품으로 개념이 바뀌는 단계가 시작되었음을 보여준 기회이기도 하였다. 스와치는 경쟁이 치열해지는 레드 오션에서 새로운 기회를 찾는 것이 급선무였다.

니콜라스 하이에크(Nicolas G. Hayek)는 차별화 전략을 전두 지휘하며 스와치의 부흥에 앞장섰다. 그는 시계를 단순히 시간을 알려주는 기계 장치를 넘어 패션과 자기표현의 수단으로 만들어냈다. 일정 물량만 시장에 내놓는 차별화된 판매 정책과 수명이 다하면 버리는 세컨드 시계로 포지셔닝 한 덕분에 스와치 시계는 자연스럽게 희소성이 생기고 다양한 컬렉션을 소유하기 원하는 소비자들은 폭발적으로 늘어나게 되었다.

그러나 무엇보다 스와치의 성공에 일등공신의 역할을 한 것은 모두 다양한 탄생 스토리를 지니고 있는 디자인이다.

세계적인 아티스트 키스 하링, 장 미셸 폴록, 백남준, 비비안 웨스트우드 등이 스와치를 디자인하였고, 전 세계의 젊은이들은 '손목 위의 예술' 에 열광하였다. 심지어 그 시즌의 스와치를 사기 위해 매장마다 줄을 서는 매니아들도 있었으며 경매에 등장하기도 하였다. 다양한 디자인의 스와치는 지구상의 젊은이들이 예술을 공유하게 해준 매개체이며, 흘러가는 시간 속에서 의미를 찾게 해주는 스토리였던 것이다.

디자인의 힘을 믿었던 스와치 그룹은 쇠락 위기에 놓인 스위스의 시계 산업을 부활시킨 것은 물론이고 스위스의 50개 공장을 비롯해 세계 각지에 440개에 이르는 생산, 판매조직을 거느리고 있는 명실상부한 세계 제1의 시계 그룹이 되었다.

스와치의 디자인은 구입하는 자체를 넘어 간직하고 싶은, 또는 갖고 싶은 시간을 갖는 것이라는 독특한 개념을 만들었다. 또한 시계를 예술로 승화시키며 제각기 다른 시계를 통해 소비자들이 자신의 이미지를 표현할 수 있도록 하였다. 디자인이 기업성공의 열쇠이자 세계를 석권하도록 하는 중요한 키워드임을 스와치를 통하여 알 수 있다.

"같은 값이면 다홍치마"라는 옛말처럼, 보다 아름다운 디자인, 나를 대변해줄 수 있는 이미지를 갖춘 것이야 말로 지금의 시장에서 살아남을 수 있다.

디자인은 그저 능력이 있으면 갖추고 없으면 간과하는 것이 아니라 제품의 개발 단계에서부터 반드시 고려되어야 하는 필수 요소인 것이다. 단지 아름다움만을 위한 디자인이 아니라 소비자의 기능적, 감성적 욕구까지 채워줄 수 있는 종합 설계 시스템으로서의 디자인으로 접근해야 한다. 디자인 경영은 바로 이러한 인식에서 출발해야 하며, 디자인은 세계 시장을 선도할 수 있는 힘을 선물할 것이다.

창의적 사고 중심의 통합적 활동을 통한 기업이미지 혁신 : KT&G, HP

장미정_산업정책연구원 연구원

전사적 이미지 경영은 나날이 치열해지는 경쟁 환경 속에서 기업 이미지가 기업의 수익성과 잠재력에 영향을 미치는 기업의 자산인 동시에 성장의 기반이며 원동력이 된다는 측면에서 관심이 날로 커지고 있다.

이 시점에서 창의적인 아이디어 속에서 뚜렷한 목표를 설정해 경영의 일관성을 이끌어 나가고 있는 KT&G와 HP에 대해 살펴보고자 한다. 이들은 기업의 뚜렷한 목표와 가치의 정립, 집중화되고 일관된 캠페인, 사회공헌 활동, 조직문하 등을 통히여 기업 구싱원과 소비자의 관심을 끌어내 장기적으로는 기업 이미지 제고에 두드러진 성과를 이룩하였다는데 그 공통점이 있다고 하겠다.

KT&G의 이미지 경영 전략

구 담배인삼공사인 KT&G는 가장 성공적으로 변신한 공기업 중 하나라는 평을 받고 있으나, 2002년 말 민영화되는 시점에 KT&G는 여러 문제들에 직면했었다. 금연 열풍으로 인한 기업에 대한 부정적 인식의 확산과 각종 담배관련 소송, 홍삼산업 분리, 그리고 대대적인 구조조정까지 진행되어 기업 내부에서는 한층 위기의식이 팽배했었다. 이 같은 상황에서 구성원들은 기업

성장의 한계점을 인식하고 새로운 사업영역을 개척하기 위해는 긍정적인 기업 이미지로의 변화가 필요함을 느끼게 되었다. 이는 결국 KT&G내에서 자연발생적으로 전사적인 이미지 경영을 강조하는 분위기가 조성되는 계기를 마련하였다.

동사는 이미지 경영을 위한 첫걸음으로 한국담배인삼공사라는 이름을 세계화의 비전과 도전의식을 담아 KT&G(Korea Tomorrow & Global)로 변경하였다. 회사 내부적으로는 브랜드 및 마케팅 관련 전문 인력을 영입하여 브랜드 팀을 구성하고, 브랜드 관리에 대한 대대적인 자체 교육을 실시하면서 변화와 혁신의 새로운 이미지를 정착시키며 힘을 실어나갔다. 더불어 사내 사보를 통해 직원들이 상상예찬 캠페인을 직접 체험하게 함으로써 경직된 조직문화를 유연하게 바꾸어나갔다. 내부적인 이러한 움직임은 새로운 기업문화를 창출하여 직원들에게 회사에 대한 자부심과 관심을 고취시켰다.

이후 KT&G는 순수한 기업 이미지만을 내용으로 하는 독특한 컨셉의 지속적인 광고(계란, 잉크, 마술, 영화, 사랑, 음악의 소재로 이어진 '상상예찬' 광고)를 통해서 새로운 기업 이미지의 전환을 시도하였다. 더 나아가 신선하고 변화하는 기업, 젊은 기업, 현대적인 기업으로 Korea Tomorrow & Global 의 기업명을 젊은 층의 뇌리에 깊이 각인시켜 2004년에는 이미지 혁신상 부문 선정, 마케팅 학회 마케팅 프런티어(Frontier) 기업 이미지 부문 수상, 기업 지배 구조 최우수기업으로 선정되는 쾌거를 이룩하였다.

또한 KT&G는 이러한 이미지 개선을 위한 홍보와 이벤트에만 치중하는 것이 아니라, 사회공헌활동을 통한 기업 이미지의 저변 확장을 꾀하였다. 이미 1994년부터 시작된 공익사업은 복지재단을 통해 체계적으로 사회복지 사업을 하면서 KT&G의 긍정적인 이미지를 한층 더 이끌어 낸 계기가 되었다.

이러한 다양한 전략을 통하여 2002년 이후 사상최대의 경영실적을 이루어냈고, 2002년부터 지난해까지 3년 연속 증권거래소로부터 지배구조 우수 또는 최우수 기업으로 선정되었다. 2003년에는 신용평가기관 스탠더드&푸어스로부터 기업지배구조 평가결과 'Strong(견실함)' 등급을 획득하기도 하였다.

HP의 이미지 경영 전략

유비쿼터스 시대에 글로벌 리딩 기업으로서의 이미지를 확고히 다진 기업이 있다. 바로 HP(Hewlett Packard)이다.

1939년 빌 휴렛과 데이비드 팩커드의 이름 첫 글자를 따서 설립한 'HP'는 불과 몇 년 전까지만 해도 '미국 기업/브랜드'라는 뿌리 깊은 인식과 PC 프린터 기업으로 사람들에게 알려져 왔다. 이러한 PC와 프린터 기업이라는 기존 이미지는 실제로 다양한 분야에서의 사업뿐만 아니라 해외에서 활동하고 있는 HP를 제대로 이해하지 못한 것이었다. 하지만, HP는 2002년 컴팩과 합병 이후 기업차원의 자율적이고 창의적인 조직문화를 진작시킴과 동시에 끊임없는 기술 개발을 통한 다양한 제품투자 그리고 획기적인 아이디어가 담긴 기업 광고 및 프로모션 등을 통하여 기업 이미지에 큰 변화를 가져오게 되었다.

많은 사람들은 '+HP = everything is possible' 이라는 슬로건으로 진행된 일련의 광고들을 기억할 것이다. HP는 자사의 제품이나 기업에 대한 장황한 설명보다는 드림웍스, 아마존 닷컴, 스타벅스와 같은 세계적인 기업들 뒤에는 HP가 있었다는 이미지 광고를 통해 HP와 함께라면 무엇이든 가능하다는 메시지를 꾸준히 전달하였다. 이처럼 세계적으로 신뢰 받는 기업들이 HP를 사용하고 있다는 점을 부각시킴으로써 자연스럽게 HP의 신뢰도를 높였던 것이다. 그리고 이러한 HP에 대한 신뢰성은 HP를 우리의 삶 바로 가까운 곳에서 기술을 선도하는 세계적인 기업이라는 이미지로 확실히 자리매김 시켰다.

뿐만 아니라, HP는 2001년 3월부터 'Inventors in HP' 캠페인을 통해 전문적인 디지털 업체로 포지셔닝을 해나가고 있다. 이는 세계 각국에서 각기 다른 분야에 근무하는 직원들이 자기 맡은 분야에서 무언가 새로운 것을 창조하려는 모습을 그려냄으로써 다양하고 전문적인 기업의 이미지를 강조한 것이다.

이와 더불어 'HP Way'란 모토 아래 행해지고 있는 자율적이고 창의적인 근로자에 대한 배려와 민주적 경영에 대한 철학은 HP만의 독특한 조직문화를 형성하고 나아가 이미지 경영의 견인차 역할을 하고 있다. HP는 또한 '글로벌 시티즌십(Global Citizenship)' 정책을 통해서 기업도 사회 구성원으로서 사회 발전에 이바지해야 한다는 생각 아래 다양한 사회공헌 활동을 펼치고 있다.

이렇듯 HP는 기존 기업과 차별적인 HP만의 고유한 이미지를 구축해 나아가면서, 제품차원을 넘어서는 다양한 측면에서 기업 이미지를 구축해 나가고 있다.

앞에서 살펴본 두 기업의 전사적인 이미지 제고 활동들의 특징은 그 활동이 단기적이고 일회성적인 전략 활동에 그치지 않는다는 것이다. 즉 이들 두

기업으로부터 얻을 수 있는 교훈은 기업의 동일한 컨셉 이미지를 설정하고 지속적이고 다양한 활동을 통해 일관된 이미지와 경영이념을 정립했다는 것이다. 그리고 나아가 전사적으로 이를 공유하고 실천할 수 있는 구체적인 방법을 모색하였다는 점에서 기존 기업 이미지 전략의 한계를 극복했다고 평가할 수 있다.

네번째 프런티어 경영

품질경영

생존의 키워드! : Q-Korea의 시대로

무한경쟁시대에 기업이 생존하기 위해서는 경쟁에서 이길 수 있는 강력한 무기가 필요하다. 그 강력한 무기 중 하나가 바로 품질이다. 품질대가인 Juran은 20세기는 생산성의 시대였지만 21세기는 품질의 시대가 될 것이라 단언하였다. 고품질은 많은 투자와 비용을 수반하기에 단기적으로는 손해인 듯하다. 그러나 장기적으로 비용을 상쇄하고도 남을 만큼의 이익을 창출한다는 점을 생각한다면 품질경영 실천은 다른 어떠한 경쟁도구 보다도 강력한 무기가 될 것이다. 우리나라에 품질경영은 1975년에 도입되었으며, 1980년대 이후에는 생산라인에서 무작위로 골라낸 제품을 검사하고, 소비자 요구에 얼마만큼 적합하고 합치되느냐의 수준을 넘어 품질에 대한 다양한 측면에서 종합적인 인식의 전환을 가져왔다.

품질경영이란 경영활동을 해나가야 데 기본이 되는 정신이며 업무를 수행해 나가는 기술이다. 기본 정신과 기술이 소홀한 상태에서 품질경영의 효과를 얻기는 어렵다. 따라서 품질경영은 단순한 제도나 기법을 도입 · 적용 하는 방식이 아니라 전 임직원의 가치와 신념 변화를 전제로 업무 수행 태도를 변화시켜 나가는 고객지향적 기업문화 창달임을 잊어서는 안될 것이다.

프런티어 경영_Frontier Management

품질경영 : 무치(MUCI)가 핵심이다.

김기찬_가톨릭대학교 경영학부 교수

요즈음 우리나라 경영자들은 브랜드 가치를 높이는 데 관심이 많다. 그런데 브랜드 가치는 시장에서 겉으로 드러난 현상이나 결과이기 때문에 브랜드 가치에만 관심이 있는 경영자는 경박하다고 한다. 대신 원인이나 이유에 관심을 가져야 한다. 그러므로 기업은 브랜드 가치라는 결과보다는 브랜드 가치를 만들어 가기 위한 필요조건인 제품의 신뢰성을 충족시켜 나가는 과정인 품질경영에 관심을 가질 필요가 있다. 최근 인터브랜드에서 발표한 '세계 100대 브랜드'에 삼성전자, 현대자동차, LG전자가 선정되었다. 삼성전자는 소니를 추월하며 20위에, 현대자동차는 닛산을 앞질러 84위에, 그리고 LG전자는 97위를 기록하였다. 이는 세계 시장에서 판매되는 이들 제품의 품질과 상품력에 매력을 느낀 소비자들이 박수를 보낸 결과이다. 더 높은 브랜드 가치를 만들고 더 많은 우리 기업이 100대 브랜드에 진입하기 위해서는 어떻게 해야 할 것인가? 해답은 표면이 아니라 이면의 품질경쟁 능력을 보아야 찾을 수 있다. 즉 신뢰성 있고 내구성이 높은 품질의 제품을 만들어 낼 수 있는 능력을 키워가는 것이다.

필자는 지난해 5월 MIT에서 열린 세계 자동차 연구자모임에서 해외의 연구자들로부터 받았던 축하인사를 잊지 못한다. 당시 J. D. Power가 발표한 최초품질만족도(IQS: Initial Quality Study)에서 예상을 뒤엎고 현대차의 소나타가 도요타브랜드를 앞서 1위를 차지했기 때문이다. 올해는 '현대차'의 브랜드 가치가 35억 달러로 일본의 닛산을 앞질러 글로벌 리딩 브랜드로 자리매김하였다. 그러면 이러한 품질을 바탕으로 한 브랜드 가치는 어떻게 만들어졌을까?

품질경영을 위한 대표적인 도구로는 우선 1995년 이래 부품업체들의 불량률을 %단위에서 PPM(Part Per Million: 백만개 중 1개)으로 관리하기 시작한 100PPM 품질 혁신 운동이 있다. 이는 우리 기업들에게 '만의 하나'라도 발생할지 모르는 불량의 원인을 사전에 없애자는 정신 혁명 운동이자, 100만개 중 100개 이하의 불량률을 유지하고자 하는 품질 혁신 운동이었다. 이 100PPM 품질 혁신 운동은 부품산업을 중심으로 급격히 우리사회로 확산되어 1995년부터 지난해까지 10년간 8600개 기업이 동참하였고, 1000여개 기업들이 품질 인증을 받았다. 그 결과 우리나라 부품 산업의 국제 경쟁력 제고에 커다란 공헌을 해왔다. 100PPM 품질 혁신 운동은 이제 그 수준을 높여 100만개 중 9개 이하의 불량률을 목표로 하는 싱글 PPM 품질 혁신 운동으로 발전되어 오고 있다.

또한 6시그마 운동을 빼놓을 수 없다. GE에 의해 주도된 6시그마 운동은 불량의 원인이 되는 모든 요소를 통계적으로 측정하고 분석하여 그 원인을 제거함으로써 최종 불량률의 수준을 100만개 중 3.4개 이하로 유지하는 수준의 품질 혁신 경영을 말한다. 이를 %로 나타내면 99.99966%의 합격률 정도가 된다. 오늘날 삼성전자, 현대자동차, LG전자, 포스코, LG화학 등 유수 대기업에서 6시그마 품질혁신시스템을 도입하고 있다.

그러면 품질경영은 이러한 품질 혁신 운동이나 시스템만 도입하면 되는 것일까? 아니다. 제도만 도입하고 단기적으로 비용만 지불한 수많은 실패 사례들도 있다. 품질경영이 기업에 정착되고, 획기적으로 품질개선에 성공한 기업들의 핵심요인을 필자의 사례분석경험을 통해 정리해보면 다음과 같다.

첫째, 관리를 가능하게 하기 위해서는 측정하는 것이 무엇보다 중요하다. 숫자로 평가하는 품질 관리 제도가 생활화되어야 한다. 예를 들어, 현대차 관련 부품 업체를 방문해보면 모든 부품 업체의 작업장에 J. D. Power의 초기 품질 불량률(IQS)의 목표치가 붙어있다. 이 수준이 작업 현장의 최대 목표이다. 그리고 매일 품질 수준을 평가한다. 그러니 품질이 좋아지지 않을 수 없다. 결국 평가가 품질경영의 핵심이다. 이제 계획과 실행에 돈을 쓰던 시대에서 검사와 평가에 돈 쓰는 시대가 왔음을 실감하고 있는 것이다. 이를 필자는 MUCI라 부른다. 측정(Measurement)이 없으면 이해(Understanding)가 안 되고, 이해가 안 되면 통제(Control)가 안 되고, 통제가 안 되면 개선(Improvement)이 없다는 뜻이다.

둘째, 품질경영은 전사적으로 품질을 중시하는 마음에서 시작되어야 한다. 이를 경영학 교과서에서는 전사적 품질관리(TQM: Total Quality Management)라 부른다. 그런데 우리나라 기업에서는 TQM이 '최고경영자(Top Management)가 품질(Quality)에 마니아(Mania)가 되면 품질이 좋아진다'는 뜻으로 많이 쓰인다. 흔히 오늘날 현대자동차가 세계적 품질을 확보하는데 가장 큰 공헌을 한 사람을 정몽구 회장으로 말하는 데 주저하지 않고 있다. 바로 최고경영자가 품질에 마니아가 되어서 성공한 대표적인 사례가 아닌가 한다. 결국 품질 혁신 운동은 최고경영자의 품질철학의 크기만큼 기업혁신에 미치는 영향의 크기도 달라진다.

셋째, 품질 혁신 운동은 의식 개혁 운동이 되어야 한다. 그래서 좋은 품질의 제품을 만들기 위해서는 물건을 만들기 전에 우선 사람을 만들어야 한다고 한다. 도요타자동차에서는 '모노쯔꾸리(물건만들기) 전에 히토쯔꾸리(사람만들기)'를 우선으로 생각하고 있다. 오늘날 많이 도입되고 있는 6시그마 운동의 도입에 실패한 기업들을 분석해보면 사람들로 하여금 6시그마의 품질의식을 가지게 하는 이른바 휴먼시그마(Human Sigma)에 실패한 경우가 많다. 그러므로 품질 혁신 운동은 우선 종업원들의 품질 마인드를 혁신하는 데에서부터 시작되어야 한다.

품질은 들불처럼 번지는 마법의 순간을 나타내는 티핑포인트(Tipping Point) 속성을 가지고 있다. 살짝 불을 질러도 엄청난 폭발력을 지니고 있다. 지난해 미국 자동차시장에서 한국 차의 초기품질평가가 매우 우수했다는 사실이 세계의 자동차 유수 기업들로 하여금 한국에서 생산되는 자동차부품에 관심을 가지게 만들었고 그 결과 우리나라가 세계 자동차 부품의 생산기지로 각광받게 만들었다. 또한 이는 중국인들의 한국 차 브랜드에 대한 신뢰도를 높여 중국 내 올해 1사분기 현대차의 시장점유율을 1위로 만드는 티핑포인트가 되기도 하였다.

세계경쟁은 점차 격심해지고 있다. 우리 기업들은 해외에서 '품질은 유럽수준, 가격은 중국수준'으로 요구받고 있다고 한다. 또는 일본의 기술과 품질, 중국의 가격 사이에 낀 너트크랙커와 같은 경쟁 구조 속에 있다고 한다. 최근 품질경영에서 보여준 우리 기업들의 성적표는 일본을 극복할 가능성을 보여주는 좋은 징조로 보인다. 그럼에도 한국의 생산현장을 방문하고 돌아간 일본의 산업 전문가들에 의하면 한국의 생산 현장은 현재와 같은 노사구조 하에서는 일본의 1950년에 비교될 정도라고 혹평을 내리고 있다. 이러한 생산현장에서는 올바른 품질경영이 정착되기가 불가능할 것이라고 단언하는 목소리도 있다. 대신 노사관계만 정착되면 엄청난 폭발력을 가지고 있다고 평가하기도 한다.

이제 우리 기업을 구성하고 있는 토지, 노동, 자본의 3대 자원은 더 이상 국제적인 원가 경쟁력을 유지시켜 주기 어렵다. 그러므로 이제 저가격 개발도상국 기업이 아니라, 품질로 승부를 거는 선진기업들과 경쟁해야 한다. 품질경영은 이제 1만 달러 시대의 저가격 제품경쟁력의 패러다임을 2만 달러 시대의 고품질 시장 경쟁력 패러다임으로 이행시키는 원동력이다. 노사가 함께하는 품질경영으로 새로운 글로벌 시대의 주역으로 도약하는 우리 기업들을 기대해 본다.

6시그마 도입 성공 사례 : GE & 삼성전자

박주영_산업정책연구원 연구원

마이클 해리(Mikel Harry)에 의해 개발된 6시그마는 모토로라에서 처음으로 시도된 후, GE의 잭 웰치 회장에 의해 적용 · 확산되면서 더욱 빠른 속도로 진화되고 있다. 잭 웰치의 리더십과 목표달성 의지가 GE 6시그마 성공의 관건이었다고 회자될 정도로 그는 신념과 열정 그리고 성실과 근면을 바탕으로 한 최고 경영자 리더십의 표준이 되어가고 있다.

1995년에 6시그마 활동을 개시한 GE는 'GE Quality 2000: A Dream with A Plan' 의 모토 아래 당시 사상 최대 규모의 도전 과제를 세우고 불량이 없는 제품 · 서비스 · 거래를 산출하는 기업이 되고자 하였다. GE는 '사원의 마음에 품질을 심어 주는 것' 을 기본 이념으로 삼고, 고객의 불만족, 저효율, 사업기회의 손실 등 '품질' 과 관련된 모든 결함과 문제점을 개선대상으로 하여, 6시그마를 기업풍토로 정착시키고자 하였다. '제품을 개선함으로써 완벽을 기하는 패러다임' 이 아니라 '프로세스를 개선함으로써 완벽이나 완벽에 가까운 상태를 지향함' 으로써, 근본적인 부분에서부터의 질적 향상을 꾀하였다.

그 결과 GE는 1998년도에 사상 최고 매출액인 1,005억 달러를 기록하였으며, 이익은 13% 증가한 93억 달러에 이르렀다. 또한 GE는 같은 해에 미국 포춘지에 의해 가장 훌륭한 기업(Most Admired Company)으로, 파이낸셜 타임즈에 의해 세계에서 가장 존경받는 기업(The World's Most Respected Company)으로 선정되는 쾌거를 거두기도 하였다.

6시그마 도입으로 성공을 거둔 국내기업으로는 '인재와 기술을 바탕으로 최고의 제품과 서비스를 창출하여 인류 사회에 공헌한다'는 경영이념을 가지고 있는 삼성전자를 꼽을 수 있다. 동사의 모든 사업영역 및 사회활동은 고객을 위한 것이며, 전 인류의 삶을 보다 편리하고 가치 있는 삶으로 가꿔가는 것이 목적이라는 인식을 바탕으로 삼성전자의 디지털 기술은 시간적, 공간적인 제약을 뛰어넘어 기술과 시장, 문화 등 우리 생활의 전반을 변화시키고 있다.

이러한 삼성전자는 1999년부터 6시그마 활동을 시작하여, 최근까지 전사 총괄 4개 부문에서 6시그마 추진을 위한 전산화 작업을 완료하였다. 초기의 프로젝트는 주로 고객의 요구와 불만사항을 고려한 것. 시작 해인 1999년에는 100여 개의 과제가 실시되었고, 2002년에는 전사의 전 부문에서 품질(Quality), 비용(Cost), 속도(Speed)를 중점으로 하는 제조 생산성 향상 및 원

(단위: 조원)

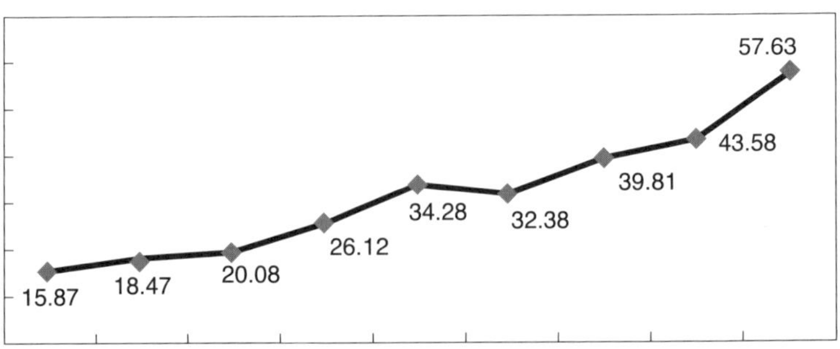

그림 6. 삼성전자의 매출액 추이

출처 : 삼성전자

가절감 프로젝트 등을 추진하여 1,000여 개의 과제를 선정 · 추진하였다. 그 결과 삼성전자는 1985년에 9위였던 매출액이, 1990년에 7위, 6시그마 도입 이후 1999년에는 3위로 올라섰고 2004년에는 57.63조원의 매출로 1위를 기록하는 등 지속적인 성장세를 보이고 있다.

6시그마는 단기적인 도입만으로 성과를 거둘 수 있는 성질의 프로젝트가 아니다. 기업의 전 조직원이 공감대를 형성해야 할 뿐만 아니라, 유기적이면서도 장기적으로 지속되는 전략 구사가 필요하다. 유행처럼 한 시대를 풍미했다가 흐지부지 끝나버린다면, 시작하지 않는 것만 못하다. 6시그마를 우리 산업의 경쟁력을 제고할 수 있는 전환 기회(Turning Point)로 삼고 활용해야 하며, 그러기 위해서는 구체적이고 효과적인 전략을 세워야 한다. 그래야만 기업은 표면적이고 양적인 성장만이 아닌 내부로부터 우러나오는 계속적이고 질적인 성장을 이룰 수 있을 것이다.

품질경영 성공사례 : LG화학

이철승_산업정책연구원 연구원

최근 기업의 경쟁력을 강화하기 위한 노력이 전 세계적으로 일어나고 있다. 이러한 노력은 1980년대 초부터 심화되기 시작하였다. 특히 대량생산시스템으로 전 세계 시장을 지배해 온 미국경제가 독일과 일본 제품으로부터 위협받으면서, 기업의 경쟁력과 기업의 생존에 가장 중요한 요소로 품질이 대두되었다. 이에 미국의 대표적인 다국적 통신기업인 모토로라는 기업 경쟁력의 핵심요소가 품질임을 깨닫고 6시그마 도입을 통하여 일본기업의 도전을 극복하고자 하였다.

모토로라는 먼저, 자신의 업무에 있어 고객을 정의하고, 매 분기마다 각 사업장 별 내부품질지수, 성과 납기 등의 검토 및 토론을 실행하였다. 이를 바탕으로 기존 과업 수행의 문제점을 파악하고, 주요 지표에 대한 향후 5년간의 목표를 정하여 이를 달성하기 위해 각 직급별 교육과 자발적 참여를 유도한 결과, 더 높은 수준의 품질을 창출해 냈다. 이러한 글로벌 기업들의 6시그마 도입현상은 1990년대 후반 국내 대기업을 시작으로 중소기업에 이르기까지 경쟁적으로 나타나기 시작하였다.

과거 원가우위에 기반한 가격경쟁력을 바탕으로 구미 선진국 시장에 진출하여 연평균 두 자리 수 이상의 놀라운 경제 성장을 달성하였던 국내 기업들은 글로벌 경쟁시대를 맞아 새로운 경영전략을 모색하게 되었다. 6시그마 도입 기업을 업종별로 살펴보면 전기 · 전자(121개사), 화학 · 제약(30개사), 철강(15개사) 등 234개 사가 제조업체이며, 서비스업체도 60여개 업체나 된다. 특히, 우리나라의 경우 수출주력산업인 전기 · 전자, 석유 · 화학 분야의 대기업들이 앞다투어 도입하였다.

표 5. 국내기업들의 6시그마 도입역사

기업명	도입년도	추진배경 및 성과
LG화학, LG전자, 삼성SDI	1996년	실험정신으로 국내 최초 도입
현대자동차, 삼성전자, 철도청, 한국타이어, 대한항공	1998년~1999년	제조원가의 경쟁력 제고와 품질 수준 향상을 목표로 도입
중견기업으로 확대	2000년	자체 경영혁신을 위해 도입

출처 : LG투자증권

삼성SDI의 경우, 1996년부터 기업생존을 위한 경영혁신 전략으로 6시그마를 적극 도입하였다. 갈수록 치열해지는 전자산업의 특성상, 품질에 기반한 경쟁 우위 확보만이 기업의 생존을 보장해줄 유일한 방법이라는 위기의식 속에서 전사적으로 6시그마 운동을 펼친 결과 글로벌 경쟁력을 갖춘 전자 기업으로 성장하였다.

LG화학의 경우, 1947년 화장품 회사로 출발하여 오늘날 석유화학 원재료를 가공하여 생활용품, 의약품, 정보전자소재, 산업재 등을 생산하는 종합 석유화학기업으로써 시장점유율(M/S) 기준으로 국내 1위 업체이며, 동종 업계 내에서 글로벌 경쟁력을 갖춘 기업으로 평가 받고 있다. 하지만, LG화학 역시 1998년 이후 국내외 경제 불황 속에서 극심한 매출 감소를 겪게 되었다. 이는 과거 낮은 생산원가를 기반으로 제품을 대량 생산 · 판매하여 경험효과의 극대화를 발판으로 고도성장과 매출증대를 누려온 LG화학의 경쟁력을 급속히 악화시켰고, 선진 기업 경영 시스템을 확보하지 못한 대부분의 국내 기업들과 마찬가지로 LG화학 역시 새로운 경쟁 우위 요소로서 획기적인 제품 · 품질 개선의 필요성을 절감하게 한 계기가 되었다. 따라서 '고객을 위한 가치창조', '인간존중 경영'이라는 LG화학의 기업 경영이념을 달성하고, 최고의 고객만족을 달성하여 세계 초우량 화학회사로 도약하고자 하는 LG화학은 더 이상 6시그마 도입을 미룰 수가 없었다.

LG화학은 6시그마 도입을 통하여 사람, 제품, 업무의 질을 두 배로 향상시켜 고객과 조직원에게 희망을 주고 사회에 공헌하며 미래가 있는 'Only 1' 기업을 실현하고자 하였다. LG화학은 이를 위해 조직 내 혁신 추진팀 6시그마 사무국을 발족하였다.

LG화학 6시그마 사무국은 세계 제일의 품질 및 제품 확보를 위해 장기적이고 단계적인 6시그마 도입 계획을 추진하였다. 6시그마 사무국은 먼저, 전사적 차원에서 조직 경영 이념에 적극 부합하는 6시그마 추진 전략을 수립하였고, 이를 바탕으로 전 직원을 대상으로 각 직급에 맞는 교육 계획 수립 및 운영, 이에 필요한 교재 개발, 성과에 대한 공정한 보상을 위한 평가 위원회 운영 등을 착실히 진행하였다.

이러한 과정을 통해 지속적인 업무개선을 추진한 LG화학은 ▶불량률 감소 ▶재무성과(수익성) 향상 ▶6시그마 전문 인력 육성 ▶업무 프로세스의 낭비 요소 제거라는 가시적인 성과를 얻었다.

표 6. LG화학의 경영혁신 추진성과

기업명	구 분	2004.12	2003.12	2002.12	200.12	2000.12
LG화학	자기자본순 이익율(%)	21.76	21.4	25.3	14	14.4
	매출액 증가율(%)	25.65	10.9	13.19	1.41	19.2
	주당순이익(원)	7,341	5,382	5,152	1,949	3,385
	주가최고(원)	61,900	55,200	52,800	23,100	44,500
	주가최저(원)	32,650	33,900	22,000	12,400	9,900

출처 : LG화학

하지만 최근 많은 기업들이 LG화학의 성공사례와는 달리 6시그마의 지속적인 운영과 확산에 여러 가지 애로점을 겪고 있는 것이 사실이다. 6시그마 추진 시 ▶경영층과 현장 실무자의 자발적 참여 부족 ▶단기적 재무성과 일변도 평가로 인하여 비재무적 장기적 혁신활동은 미흡 ▶질적 향상보다 양적 확산에 따른 형식적 추진 등의 문제는 기업이 6시그마의 성공적인 도입을 위해 반드시 극복해야 할 문제로 남아 있다.

다섯번째 프런티어 경영

윤리경영, 나눔경영

윤리가 경쟁력이다!

오늘날 기업의 윤리경영은 기업생존전략의 일환으로 중요성이 점점 강조되고 있다. 여러 국제기구들은 비윤리적인 회사와 거래를 하지 않는 등 윤리기준을 표준화하자는 목소리를 높여가고 있다. 즉, 윤리경영을 하지 않는 기업은 더 이상 국제무대에서 생존할 수 없는 현실에 직면한 것이다. 선진적인 윤리경영을 실천하고 있는 미국에서는 전국 대학의 기업윤리강좌가 500개가 넘고, 기업윤리 교과서만도 25종 이상이라고 한다. 또한 2001년 포천지가 선정한 미국 500대 기업의 90% 이상이 기업윤리시스템을 구축하였고, 84%가 윤리교육 프로그램을 실시하는 등 기업윤리가 정착단계에 접어들었다.

산업자원부가 2005년도 조사한 '2005년도 주요기업의 윤리경영 실태조사' 결과에 따르면, 응답기업(매출액 기준 200대 기업 및 46개 공기업)의 89.1%가 윤리강령 및 행동준칙을 보유하고, 78.1%가 윤리경영 전담부서를 두고 있다고 한다. 하지만 그 수준은 선진국에 비하면 아직 미진하며, 특히 일부 기업에서 여전히 회계부정 등의 사건이 발생하고 있는 점을 고려할 때 윤리경영을 위한 경영자의 올바른 이해 및 구체적인 노력이 더욱 절실하다.

국내기업들은 글로벌화, 무한경쟁 등 환경변화에 직면해 있다. 이러한 난관을 극복하고 승리하기 위해서는 핵심가치를 공유하고 실천해야만 한다. 따라서 윤리경영을 만들고 선포하는 데 그칠 것이 아니라 구체적인 행동지침을 마련하여 지속적으로 실천해 나갈 수 있도록 제도적 정비가 필요한 시점이다.

기업, 사회와 약속하다

– 지속가능한 기업의 전제조건으로 윤리경영 부각 –

신철호_성신여대 경영학과 교수
산업정책연구원 부이사장

최근 들어 기업들은 자사의 윤리경영 실천을 더욱 강화하고 있다. 이는 과거에 기업은 주로 수익성 창출, 주주 이익 극대화 등 경제적 측면에 중점을 두고 그 성과를 평가하였으나, 이제는 사회와 환경까지 고려하지 않으면 기업의 지속성은 보장되기 어렵다는 기업환경의 변화에 기인한 것이다. 앞으로 기업은 경제, 사회, 환경이라는 세 가지 주요 축(Triple Bottom-line)을 중심으로 지속가능성을 추구할 때만 견실한 성장을 오랫동안 이어갈 수 있게 된 것이다. 이러한 분위기를 반영하듯, 윤리경영은 신뢰 구축의 가장 기본적이고 핵심적인 과제로 주목을 받고 있다.

윤리경영(Business Ethics)은 협의적 개념으로 정의할 때 '기업 구성원의 윤리적 의사결정 또는 기업행동에 대한 규범적 판단과 도덕적 가치기준' 이다. 간혹, 기업의 사회적 책임(CSR: Corporate Social Responsibility)과 그 개념이 혼용되기도 하는데, CSR은 구체적으로 기업과 사회의 상호작용을 강조하는 것으로 소비자 권익보호, 고용 및 노동 관행, 사회공헌, 친환경 경영활동 등 기업이 사회에 영향을 주고받는 모든 분야에 대한 기업의 책임을 의미한다.

그러나 요사이는 윤리경영이던 CSR이던 개념발생 초기와 달리 시대의 흐름에 따라 상호보완적 성격을 띠며 매우 광범위한 영역을 아우르게 되었다. 즉, 윤리경영은 이제 협의적 개념에서 벗어나 기업 내외부의 다양한 이해관계자를 고려하는 이해관계자 중심의 윤리경영으로 발전하게 된 것이다. 더불어, 최근에는 CSR과 지속가능성의 개념이 윤리경영에 도입됨에 따라 그 범주가 더욱 확장된 형태로 전개되고 있다. 따라서 앞으로의 윤리경영은 경제, 사회, 환경 차원에서 균형적으로 접근된 광의의 개념으로서, 존경받는 기업이 되기 위한 필수과제로 인식되어야 한다.

물론 윤리적인 기업이 되기 위해서는 비용이 들어가게 된다. 회계투명성 확보를 위한 외부감사 비용, 윤리경영 시스템 구축비용 등 상당한 물적 · 인적 자원이 투입되어야 하는 것이 사실이다. 허나 이러한 비용은 결국 기업에게 누적적인 효과를 불러오는 투자로 간주되어야 한다. 윤리경영을 성실히 수행하는 기업은 긍정적 이미지 구축에 따라 판매와 수익 증가, 기업가치 상승은 물론 경쟁력 향상도 도모할 수 있다. 즉, 그 어느 때보다 시장의 신뢰에 의해 기업의 존립기반이 크게 좌우되는 현시점에서 윤리경영은 신뢰형성과 경쟁력 확보를 위한 장기적 투자의 관점으로 다루어져야 하는 것이다.

이러한 인식이 국내에도 확산됨에 따라, 기업경영의 핵심요소로 윤리경영 투자확대에 공감하는 추세를 보이고 있다. 2004년 산업자원부가 산업정책연구원에 의뢰하여 실시한 주요기업의 윤리경영 실태조사에 따르면, 윤리강령 또는 행동준칙을 보유한 기업은 88.3%에 달하는 높은 수준을 보여주었다. 동 조사의 2003년~2004년 결과를 비교해보면 CEO가 사내외 커뮤니케이션을 통해 연 3회 이상 윤리경영을 강조한 기업은 72.6%에서 83.1%로, 윤리헌장을 제정한 기업은 79.5%에서 81.2%로 증가해 전반적으로 윤리경영에 대한 기업의 관심과 투자가 높아지고 있음을 알 수 있다.

그러나, 앞으로 국내 기업의 윤리경영의 방향은 '살아 있는' 윤리경영의 실천에 보다 더 중점을 두어야 한다. 예컨대, 윤리강령 및 행동준칙 제정비율은 높았으나 이를 정기적으로 수정하는 기업은 12.5%에 불과했다. 강령이나 준칙의 수정여부는 윤리경영이 단순히 사내 구호에 머무르는 것이 아닌 살아 있는 지침으로서 활용되는가를 보여주는 중요한 척도이다. 윤리경영을 도입했더라도 꾸준한 제도정비와 의견수렴, 효율성 제고 등 지속적 노력 없이는 윤리경영의 외침은 공허해질 수밖에 없다.

따라서 진정 올바른 의미의 윤리경영을 실천하는 기업이 되고자 한다면 다음과 같은 노력이 필요하다. 첫째, 기업은 내부적으로 정기적 의견수렴과 평가를 통해 효율적인 윤리경영 실천 프로세스를 정비해야 한다. 둘째, 기업정보를 이해관계자에게 공개하는 동시에 사회의 기대와 요구를 기업 활동에 반영하는 지속적인 노력을 해야 한다. 셋째, 전사적 차원에서 최고경영자의 노력은 물론 윤리경영성과 평가를 위한 모니터링까지 이루어져야 한다.

특히, 경제 · 사회 · 환경적 성과에 대한 지속가능성 보고와 평가가 반드시 뒤따라야 한다. 지속가능성 보고는 기업의 경제 · 사회 · 환경적 성과공개 및 평가를 가능케 하여 이해관계자와의 커뮤니케이션 및 건설적 관계구축을 도모하는 중요한 의미를 지닌다. 최근에는 국내에도 그 중요성이 빠르게 부각되고 있어, 우수사례 공유와 전략모색을 위한 네크워크 형성 등 국내외 동향에 신속히 대응하고자 하는 움직임이 활발하다. 그 가운데 하나인 '윤경포럼'은 지식교류와 글로벌 트렌드에 대한 다자간 논의의 장을 마련하고 있으며, 최근에는 윤리경영의 공식적 보고와 평가를 위한 표준적 가이드라인 제정 및 보급에 노력하고 있다. 이러한 결실로서 한국기업의 지속가능 보고서 발간 확산을 위한 'BEST 지속가능성 보고 가이드라인(BSR: B.E.S.T Sustainability

Reporting Guideline)을 개발해 회원기업을 중심으로 실행 중이다.

기업은 사회로부터 고립되어서는 생명을 이어갈 수 없다. 오늘날 기업은 과거보다 더욱더 사회의 요구에 맞추어 긴밀하게 움직여야 한다. 따라서 윤리적 기업문화 정착을 향한 기업의 노력은 계속 되어야 할 것이며, 이와 더불어 정부차원의 지원이나 시민 사회와의 공조 등 사회 전반의 다자간 노력 역시 활발해진다면 기업의 윤리경영 정착 속도는 배가될 수 있을 것이다. 그러나 정부와 시민사회에서 이에 대한 지지기반은 마련해 줄 수 있다 하더라도, 사회와의 약속을 지키는 것은 바로 기업의 몫임에는 틀림없다. 자발적이고 적극적인 윤리경영 실천을 통해 사회의 신뢰와 존경을 받고 지속가능한 발전을 이루는 한국 기업의 밝은 미래를 기대한다.

기업과 사회의 윈윈(Win-Win)

윤세경_산업정책연구원 연구원

기업도 사회의 한 구성원이라는 기업시민정신의 개념 아래 사회공헌 활동이 확산되고 있다. 기업이라는 '시민'은 사회로부터 필요한 자원을 받고 성과를 얻을 수 있는 생산물을 만들어 내며 이에 대한 반대급부로 이익을 사회에 환원하는 사회공헌 활동을 통해 나눔의 경영을 실천한다. 최근에는 공익적 성과를 제품 및 서비스와 연결시켜 기업 이미지 제고 및 수익적 효과를 얻는 공익 연계 마케팅(CRM: Cause-Related Marketing) 활동이 활발해지고 있다. 이같이 기업뿐 아니라 지역사회 발전에도 기여하는 공익 연계 마케팅이 부각되면서 '나눔경영'이 기업에 있어 매우 중요한 경영 방식으로 자리 잡아 가고 있다. 윤리경영과 기업의 사회적 책임이 기업 경쟁력의 핵심요소로 급부상하는 가운데 나눔경영도 이에 발맞추어 보다 발전적 형태로 진일보 하고 있는 것이다.

통상적으로 나눔경영 활동은 기업이 독자적으로 추진하기도 하지만 NGO와 파트너십을 통해 효과적인 차별성을 꾀할 수 있다. NGO들은 지역사회의 현안을 잘 이해하고 있기 때문에 기업은 이들 NGO와 파트너십을 맺음으로써 보다 업그레이드 된 나눔경영을 실천할 수 있다. 예컨대, 경쟁이 치열한 시장일수록 기업들은 NGO와 함께 공익적 활동을 펼침으로써 소비자와 관계가 더욱 강화될 수 있다. 뿐만 아니라 NGO 입장에서는 파트너 기업으로부터 재원의 안정성을 확보할 수 있어 양자에 모두 긍정적 효과를 기대할 수 있다. 실례로, 미국의 사회공헌 컨설팅업체 콘 커뮤니케이션이 2004년 미국 내 일반인을 대상으로 조사한 자료에 따르면 기업의 마케팅 활동에 사회적 이슈를 연계하는 것에 대해 72%가 '바람직하다' 라고 답해 공익 연계 마케팅에 대한 긍정적 반응을 보여주었다.

또한 나눔경영은 임직원의 활발한 참여를 유도하는 다양한 기금 마련 프로그램으로 직원 중심의 직접적 참여 기부방식으로 발전해가고 있다. 뿐만 아니라 기업 차원에서 자원봉사활동도 적극 독려하기 위해 자원봉사단을 꾸리거나 근무시간의 일부를 자원봉사에 할애하여 나눔경영에 참여할 수 있도록 지원하는 제도를 도입하고 있다. 이를 통해 임직원들은 자원봉사 현장에서 직접 땀을 흘림으로써 사회구성원으로서의 보람과 직원간 팀워크 향상은 물론 자기계발의 기회를 얻을 수 있게 된다. 이러한 나눔경영 활동의 좋은 일례를 보여주고 있는 기업으로 3M이 있다. 3M의 자원봉사 프로그램은 임직원이 주체적으로 봉사 프로그램을 찾아내고 적극적으로 의견을 개진하는 참여의 문화가 잘 정착되어 있다. 또한 직원들의 봉사시간 25시간마다 회사에서 200달러의 기부금을 지원하는 제도도 운영하고 있다. 이는 직원이 중심이 되고, 회사는 전폭적 지원과 기틀을 마련해주는 나눔경영의 좋은 사례이다.

나눔경영은 이제 일시적이고 단순한 차원이 아닌 장기적이고 지속적인 관점, 모든 구성원의 참여를 이끌어내는 방향으로 모색되어야 한다. 국내에서는 아직 이를 위한 전담조직이 활성화되어 있지 않아 나눔경영의 장기적 계획과 특화된 전략을 수립하기 위한 전담 조직과 제도를 갖추는 것이 시급하다. 한편 정부차원에서는 세제혜택 등 각종 인센티브 제도를 마련하여 나눔경영 활성화 환경을 조성하여야 한다. 그간 기업의 기부활동에 대한 세제혜택이 미미하고 세금공제를 받을 수 있는 곳 역시 한정되어 있어 이에 대한 개선요구가 계속되어 왔다. 따라서 최근 범정부 차원에서 논의되고 있는 지원책 마련의 움직임은 매우 고무적이다. 정부의 제도적 지원과 더불어 기업의 적극적 나눔 경영 실천은 장기적으로 기업과 사회가 상호 발전해가는 지속가능성 향상의 계기를 열 것이다.

새로운 기업의 사명, 윤리경영을 전파하라 : 도이치뱅크, 국민은행

김재은_산업정책연구원 선임연구원

독일 프랑크푸르트에 본사를 둔 도이치뱅크(Deutsche Bank)의 한 중역은 '금융회사에는 자사의 고객이 윤리경영을 실천하도록 유인하는 파워가 있다'라고 신문지상을 통해 新기업의 사명을 밝혔다고 한다. 이는 도이치뱅크가 기업들의 윤리경영을 선도할 수 있는 금융기관의 중요한 역할을 인식하고 있다는 일면을 보여준다.

이처럼 윤리경영 선도 기업은 이제는 내부의 윤리경영내실을 다지는 데서 그치지 않고 자사의 역량을 십분 활용하여 협력업체, 고객, 지역사회 등 다양한 이해관계자에게 윤리경영을 확산하는 '전도사'로 탈바꿈하고 있다. 가장 대표적인 예로 앞에서 소개한 도이치뱅크와 국민은행을 들 수 있다.

1999년 도이치뱅크는 금융업계 최초로 환경경영 시스템을 도입하였고, 대출이나 투자 결정을 하기 전에 반드시 환경 평가를 거치고 있다. 근래에는 에콰도르 송유관 건설 사업이 환경적, 사회적 리스크가 높다는 이유로 대출을 거부하였다. 이는 단기적 이익보다는 장기적인 안목으로 윤리경영과 지속가능한 발전을 추구하는 기업의 관행을 단면적으로 보여주는 일례이다. 또한 빈곤층과 소규모 회사를 위한 무담보 소액 대출(Microfinance)을 통하여 지역

사회 발전에 앞장서고 있다.

도이치뱅크는 윤리경영을 실천하기 위하여 노력하는 것뿐만 아니라 이를 외부에 알리는 데도 힘을 쏟고 있다. 2004년 GRI기준에 근거하여 '사회책임보고서(Corporate Social Responsibility Report 2003)'를 발간하여 지속가능성(Sustainability), 다양성 존중(Diversity), 사회인적자본(Society's human capital), 현금기부를 넘어선 나눔경영(Giving more than just money) 성과 등을 공시하여 은행의 경제, 환경, 사회적 성과에 대한 내용을 적극적으로 세상에 알리고 있다. 이렇게 적극적인 윤리경영 실천과 성과보고 덕택에 도이치뱅크는 DJSI와 같은 지속가능성 평가지수에서 매년 좋은 평가를 받고 있다.

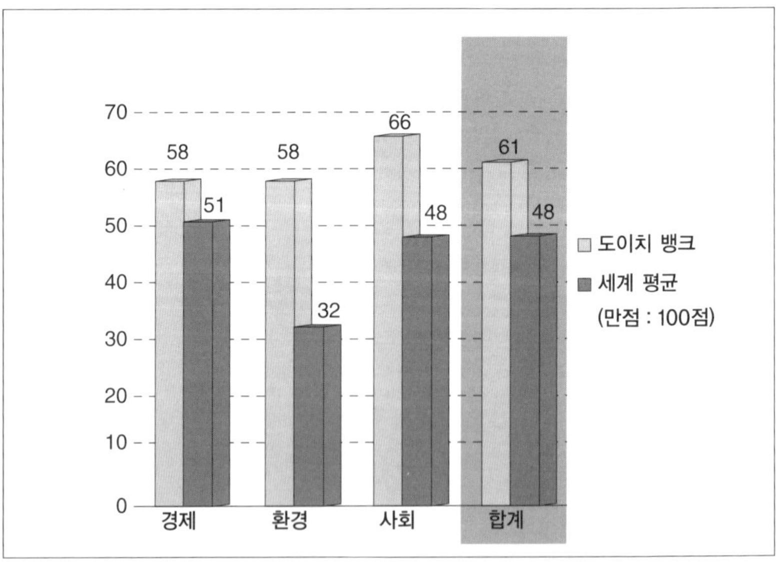

그림 7. DJSI 평가지수: 금융서비스 분야

출처 : SAM Research Inc, 2003. 11

이처럼 윤리경영 전파활동을 통해 기업의 장기적 가치를 높이는 기업은 국내에서도 찾아볼 수 있다. 가장 좋은 예가 국민은행이다. 국민은행은 산업자원부와 산업정책연구원(IPS)이 공동으로 실시한 국내주요기업의 윤리경영진단(2004)에서 금융, 보험 및 서비스업 기업 중 CEO, 지배구조, 지역사회 부문에서 우수기업(상위 10%)으로 선정되어 시중 은행 중 가장 많은 부문에서 우수상을 석권하였다. 그렇다면 국민은행의 윤리경영은 무엇이 다를까?

우선, 기업환경에 맞는 '국민은행형' 윤리경영 전략을 개발하고 윤리경영 실천이 용이하도록 조직을 개편하였다. 금융업은 고객의 자산을 위탁받아 운영, 관리하는 것이 주요 업무이므로 이러한 특성상 고객의 이익을 침해할 수 있는 가능성이 타 산업보다 높다. 따라서 국민은행은 금융업의 장수는 고객 및 이해관계자와의 신뢰와 투명성 위에 존립한다고 판단하였고, 이에 따라 내부통제시스템, 이사회, 회계투명성 강화를 통해 신뢰구축과 투명성 강화에 역점을 두었다. 동시에 1천여 개가 넘는 지점을 가진 조직의 특성에 적합하도록 윤리경영 실천조직을 정비하였고, 준법감시인이 최고경영자에게 직접 보고하도록 하여 타 사업본부나 부서로부터 독립성을 보장하였다.

이뿐만 아니라 국민은행은 윤리경영 노력을 외부로까지 뻗고 있다. 국민은행은 비즈니스 파트너의 윤리성, 투명성이 국민은행의 장기적 이익과 밀접한 관련이 있다고 판단하여 보유한 자원과 역량을 최대로 활용하여 국내 윤리경영 확산에 앞장서고 있다. 특히, 기업 신용 평가 시 윤리경영 기업 우대 조치를 시행하여 윤리경영 실천 정도가 양호한 거래기업은 신용등급을 상향 조정하여 여신규모, 금리 등에서 우대를 받고 있다. 이렇듯, 국민은행은 보유한 역량과 선도적 위치를 활용하여 윤리경영 확산뿐만 아니라 기업의 리스크 위험 관리에도 기여하여 장기적으로 지속가능한 성장기반을 구축하고 있다.

윤리경영은 이제 기업내부만의 문제가 아니다. 물론 내부단속이 중요한 단계도 있지만, 윤리경영을 장수기업이 되기 위한 초석으로 닦으려면 외부를 장기적 관점에서 내다보는 안목이 필요한 시기가 도래했다. 도이치뱅크와 국민은행처럼 기업의 역량을 활용하여 윤리경영을 확산하는 '전도사' 기업이 많아지길 기대해 본다.

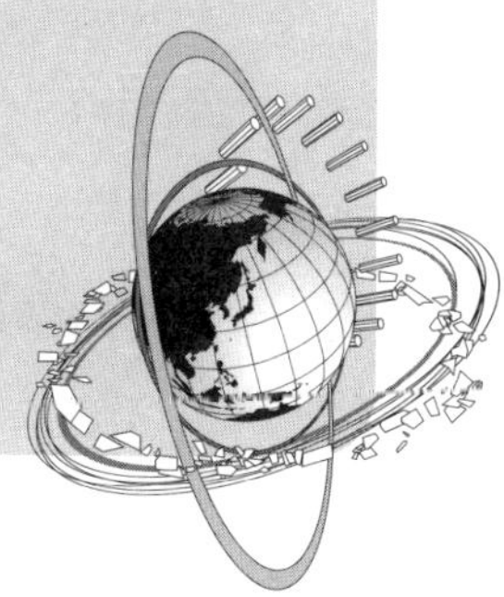

여섯번째 **프런티어 경영**

브랜드 경영

잘 키운 브랜드 하나, 열 기업 부럽지 않다!

브랜드는 구매자가 제품을 구매할 때 고려하는 주된 요소이다. 선택안이 여러 가지일 때 무엇을 구매해야 할지 결정하기 힘들 때가 있다. 이때는 결국 브랜드가 구매자에게 어떤 의미와 가치를 지니느냐가 구매에 결정적인 영향을 미칠 것이다. 오랜 세월 동안 시각적 이미지로 일관성 있게 노출되는 코닥의 로고와 노란색 및 검정색의 선명한 컬러아이덴티티와 브랜드슬로건은 코닥을 강력한 브랜드로 전 세계 소비자들에게 각인시킬 수 있는 요인이 되었다. 국내 기업의 브랜드 경영은 아직 기초단계에 불과한 실정이다. 지난해 한국생산성본부가 국내기업 453곳을 대상으로 브랜드경영 실태를 조사한 결과에 따르면 브랜드 경영 전담조직이 있는 곳은 전체의 15.7%, 브랜드 가치를 위한 투자경험이 있는 곳은 전체의 42.5%로 조사되었다. 이렇듯 국내기업의 브랜드 경영은 아직 기초단계에 불과한 실정이다.

잘 키운 브랜드 하나 열기업 부럽지 않다. 지금 당장 브랜드가치를 형성하기 위해서는 막대한 자금이 소요될 것이다. 그러나 브랜드에 대한 장기적인 투자를 이익의 원천으로 보는 사고의 전환을 통해 강력한 브랜드 구축에 힘써야 할 것이다.

브랜드 경영과 브랜드 자산관리

이화진_산업정책연구원 연구원

국내에서 브랜드가 학계와 기업의 주목을 받기 시작한 것은 1980년대 후반 이후부터 였으나, 1990년대 후반 이후부터는 빠른 속도로 브랜드가 기업 차원의 주요 관리활동의 대상이 되면서 그 적용 범위도 확대되고 있다. 현재 브랜드로 차별화가 어려울 것이라고 생각되었던 두부, 콩나물, 쌀, 과일 등의 농산물의 경우도 브랜드 경쟁이 본격화 되고 있다. 또한 돼지고기, 쇠고기 등의 축산물 분야를 살펴보면 최근 브랜드 등록 수가 급증하여 2005년 6월 기준으로 돼지고기 시장에 브랜드 육이 차지하는 비중이 45.5%에 달하고 브랜드 육의 매출이 급신장을 거듭하는 등 산업 전반에 걸쳐 브랜드가 차별화의 주요한 기준이 되고 있다.

통상적으로 사람들은 브랜드를 제품이나 서비스를 식별하기 위한 이름에 불과한 것으로 인식하고 있으나, 실제로는 그 이상의 효과를 가지고 있다. 이를 살펴보면 브랜드는 기업 입장에서 사업의 지속적인 안정성을 제공할 뿐 아니라 경쟁자들의 공격으로부터 자사 제품을 보호하는 기능을 하며 판매 촉진을 위한 투자의 자극제로도 작용한다. 따라서 브랜드는 소비자들의 충성도를 제고하는 핵심 요인이며 미래의 잠재 수요와 현금 흐름을 보증하는 자산으로 개발될 수 있는 기업 자산의 주된 원천이다.

국내에서 브랜드 자산 가치라는 개념이 주목 받기 시작한 것은 IMF 이후 외자 계의 국내기업 인수, 합병이 본격화 되면서부터이다. 한국 존슨앤존슨이 삼성제약을 인수할 당시 에프킬라라는 제품 브랜드 값으로 297억 원을 지급한 사례나 질레트가 로케트 전지의 브랜드 사용권을 7년간 임대하는 조건으로 660억 원을 지급한 사례는 당시에 큰 화제를 불러일으켰다.

최근 기업의 최고 경영자들은 모두들 한결같이 브랜드 가치의 중요성을 강조하고 있다. 실제로 각 컨설팅 기관이나 연구기관이 브랜드의 재무적 자산 가치를 금액으로 평가한 결과가 매 해 잡지나 신문기사 등에 발표되고 있고, 경영자들은 이 결과에 대해서 매우 민감하게 생각하고 있다. 이는 브랜드 파워가 강한 기업을 인수하거나 브랜드의 상표권을 매수할 때, 그리고 여러 회사의 지분을 가지고 있는 지주회사가 분사화 되는 등의 조직변혁이 진전되는 가운데 브랜드 사용료를 징수하는 사례가 생기면서 브랜드 가치는 자사의 미래 기업 가치를 대변해 줄 수 있는 매우 중요한 지표가 되었기 때문이다.

브랜드와 관련하여 여러 권의 책을 출산하여 학계와 실무 계에서 주목을 받고 있는 데이비드 아커(David Aaker) 역시 브랜드 자산의 개념을 강조하였다. 그는 브랜드 자산은 브랜드 애호도, 브랜드 인지도, 지각된 품질, 브랜드 연상, 심볼, 로고 등의 기타 독점적 자산이 구성요소라고 설명 하였다.

따라서 기존의 마케팅이 가격, 제품, 유통, 촉진의 마케팅 믹스 관리에 집중하는 반면에, 브랜드 관리는 브랜드 자산 요소들의 관리를 중요시한다. 그렇다고 수준 이하 품질의 제품 혹은 서비스를 제공하면서 단순히 잘 디자인된 로고나 심볼을 통해 강력한 브랜드 자산을 구축하기를 기대하는 것은 의미 없는 일이다. 품질 수준의 신뢰 상실로 인해 브랜드 신뢰성이 흔들리게 되면 소비자들의 실망과 반발을 불러일으켜, 자칫하면 해당 기업에게 회복할 수 없는 치명적인 상처를 줄 수 있다는 것을 잊지 말아야 한다.

브랜드 자산은 상징적 특성을 갖는 요소들에 상당한 영향을 받으며, 이러한 요소들에 대한 관리가 브랜드자산 구축 및 관리에 중요한 역할을 담당한다. 일례로, 몽블랑은 다른 펜보다 더 잘 써지고 오래 써지는 기능적 특징 보다는 전통에서 오는 멋스러움과 사용하는 사람들의 품격을 나타내 주는 상징적인 특징이 몽블랑을 명품 브랜드로 만든 주요 요인이 되었다.

또한 브랜드 자산은 고객과의 관계에 기반한다. 고객들은 브랜드를 구매하기 전까지 여러 가지 정보를 획득하고 이를 평가하는 과정을 거친다. 이러한 과정을 통해 고객들은 브랜드에 대한 여러 가지 형태의 지식을 갖게 되며, 소비과정 등에서 느끼는 감정이나 느낌도 상당히 중요하게 생각한다. 스웨덴의 가구회사 이케아(Ikea)는 소비상황의 개념에 근거한 교차판매로 유명하다. 이케아는 매장 안에 가구 품목과 액세서리를 소비상황을 중심으로 전시함으로써 고객만족과 브랜드 자산 구축에 결정적인 역할을 하였다. 이렇게 브랜드 마케팅 활동을 수행함에 있어 소비과정에서도 브랜드 자산은 구축될 수 있음을 염두 해 두어야 한다.

브랜드가 단순히 상표권이라는 개념에서 무형자산으로서의 개념인 브랜드 자산으로 확장되기 위해서 꼭 필요한 것은 측정이다. 즉, 브랜드가치는 어떤 형태로든 측정이 필요하며, 측정이 전제되지 않는 브랜드 자산의 관리는 의미를 잃게 된다. 아무리 훌륭한 브랜드 전략을 수립하고 그대로 실행했다고 해도, 그 전략의 결과라고 할 수 있는 브랜드 자산 가치에 대한 정확한 진단과 측정이 불가능하다면 그것은 전략적으로 활용할 수 있는 경쟁 무기가 될 수 없기 때문이다.

브랜드 자산 가치 평가에 대한 실무적인 관심은 M&A가 성행하던 1980년대부터 시작되었으나 학문적인 관심은 1990년대부터 시작되었다. 브랜드 가치평가 방법론은 크게 기업의 영업 실적을 반영하는 재무적 접근법과 시장에서의 소비자들의 브랜드 평가를 반영하기 위한 마케팅적 접근법이 있으며, 또한 이 두 가지 접근법을 상호 보완한 통합적 접근방법도 있다. 지금까지 진행된 브랜드 가치 측정 방법은 대부분 광고대행사의 광고성과를 측정하는 브랜드에 대한 인지와 회상에 대한 측정이 주를 이루어 왔으나 이는 경영 전반에 걸쳐 폭넓게 적용되기에는 한계점을 지니고 있다. 따라서 기업의 브랜드 자산 가치평가는 투자전략에 관한 의사결정에서 마케팅 부문의 성과 측정까지 활용될 수 있도록 타당성과 신뢰성, 객관성이 검증된 모델로 이루어져야 한다. 또한 기업 내에 평가결과에 대한 피드백이 다시 전략에 반영될 수 있는 시스템이 구축되어 있어야 가장 바람직하다고 할 수 있다.

결국 기업 차원에서 바람직한 브랜드 자산 가치의 획득은 경영의 기본인 계획, 실행, 평가의 프로세스에 맞추어서 브랜드 비전을 설정하고 주기적인 브랜드 전략 계획수립, 실행, 평가 사이클이 기업의 내부 운영메커니즘으로 자리 잡아야만 가능해짐을 명심해야 할 것이다.

브랜드 경영 전략의 3단계 프로세스

강민정_산업정책연구원 연구원

브랜드가치가 기업 가치를 대변하는 주요 요인이 되면서 브랜드 경영이 기업 경영의 핵심이슈로 등장하였다. 실제로 2005년 8월 삼성전자의 브랜드가치는 작년보다 19% 증가한 149억 5600만 달러로 20위에 올라, 전자업계의 대명사로 불리는 소니를 앞질러 화제가 되었다. 또한 현대자동차와 LG전자는 처음으로 세계 최대 브랜드 컨설팅 업체인 인터브랜드가 선정한 '2005년 세계 100대 브랜드'로 선정되었다. 이러한 결과들은 최근 국내 주요 기업들이 브랜드경영을 마케팅의 활동으로서가 아니라 전사적인 차원에서 실행한 브랜드경영 전략의 수립, 실행, 평가의 프로세스를 기업 내에 정착시킴과 더불어 이에 대한 꾸준한 관심과 투자의 결과로 해석할 수 있다.

몇 가지 대표적인 사례를 통해 브랜드경영 전략의 3단계 프로세스를 살펴보면 다음과 같다. 첫째, 브랜드경영 전략의 수립 단계에서는 기업비전의 명확화, 기업브랜드 비전에 따른 브랜드 포트폴리오 전략, 기업브랜드부터 개별 브랜드에 이르기까지 모든 보유 브랜드들의 브랜드 아이덴티티를 확립함으로써 향후 전체 기업 활동의 토대를 마련하는 것이 중요하다. 그 중 브랜드 계층구조 설계에 있어서는 BMW가 단연 돋보인다. BMW 광고 슬로건인 '최고의 자동차'는 스타일과 성능의 두 가지 이미지를 모두 강화시켰으며, 이런 컨셉은 BMW의 이름으로 팔리는 모든 차에 적용되었다. 그리하여 BMW와는 언뜻 조화되기 어려운 것처럼 보이는 스포츠 세단 범주를 최상의 스타일과 성능이라는 개념으로 성공시킬 수 있었다. 동시에 BMW는 3, 5, 7 시리즈를 통해서 명확히 구분되는 하위 브랜드를 만들었고 이것이 품질과 가격의 논리적인 순서와 계층을 제시하도록 하였다.

둘째, 이러한 전략수립을 현실 속에서 효과적으로 실행하기 위해서 가장 먼저 요구되는 사항은 탑 브랜드 매니저(Top Brand Manager)로서의 CEO의 인식전환이며, 이러한 CEO의 주도하에 브랜드 중심 조직 체계로의 전환이 이루어져야 한다. 또한 브랜드 전문가를 적극적으로 양성해서 경영진이나 개별 브랜드 매니저 등 개인의 독단적 의사 결정의 폐해를 예방하고 통합적인 브랜드 관리를 할 수 있는 브랜드 위원회의 운용 등이 도입되어야한다. LG그룹은 'LG브랜드' 출범 10주년이자 GS그룹과 계열 분리되는 2005년부터 LG브랜드 관리를 대폭 강화하였다. LG는 LG브랜드가 단순한 기업 상징의 의미를 넘어, 체계적으로 관리해야 할 핵심 자산으로 부각되고 있음을 인식하고 기존에 운영하고 있었던 협의체 성격의 'LG브랜드관리위원회' 와는 별도로 LG를 전자, 정보통신, 화학분야에서 최고 수준의 가치를 지닌 브랜드로 키우는데 역량을 집중하였다. 또한 장기적으로는 '글로벌 Top3' 로 육성하기 위해 국내외 중장기 전략수립과 기업이미지(CI) 관리 등을 전담하는 '브랜드 관리팀' 도 신설하였다.

마지막으로 브랜드 경영 전략의 수립과 실행을 과학적이고 체계적으로 지원할 수 있는 브랜드 관리시스템 및 정기적으로 보유 브랜드들의 건강상태를 점검할 수 있는 브랜드 평가시스템의 구축이 필요하다. 풀무원은 2004년 건강 및 환경 지향의 시대 분위기에 따라 풀무원의 자연적이며 건강 지향적 이미지를 경쟁업체들과 차별화시킬 필요가 있음을 발견하는 브랜드 진단의 과정을 거쳤다. 이러한 결과에 따라 풀무원은 브랜드의 전략을 '이웃사랑, 생명존중' 의 브랜드 아이덴티티를 강화하고 차별적인 우월성을 표출하는 것으로 잡고, 이를 위하여 2005년 3월 2일 새로운 CI를 선포하였으며, "당신은 이미 풀무원입니다"라는 기업 PR 캠페인 슬로건으로 브랜드 개성을 명확히 하였다. 또한 CEO와 브랜드 자문교수 및 브랜드관리사무국이 참석하는 '브랜드관리위원회' 를 정기적으로 운영, 모든 계열사들의 주요 브랜드 이슈를 공유, 조정하는 브랜드 평가 및 관리의 과정도 게을리하지 않고 있다.

이와 같이 브랜드를 기업 경영의 중심축으로 두고 기업 브랜드에서 개별 브랜드까지 모든 브랜드들을 기획, 관리, 운용하기 위해서는 우선 명확한 기업 이념을 토대로 한 올바른 브랜드 경영 전략의 수립과 이를 효과적으로 수행할 수 있는 인적자원, 그리고 체계적인 매니지먼트 시스템의 통합이 무엇보다 중요하다고 할 수 있다.

브랜드 경영 서적 소개

「Brand Building, Brand Management, Brand Communication, 브랜드경영, 브랜드자산」

-산업정책연구원 펴냄-

김유진_산업정책연구원 연구원

전사적인 차원에서의 브랜드 가치 중심의 경영이 급부상하면서, 국내 기업들은 브랜드 경영을 기업전략의 핵심 과제로 선정하여 자사의 브랜드 인지도 제고 및 소유권 행사 강화 등을 활발하게 진행하고 있다. 이러한 노력의 결과 최근 삼성전자는 소니를 제치고 세계 기업 브랜드 가치 평가 20위에 랭크되었다. 나아가 국내 주류 브랜드 중 최고의 인지도를 가지고 있는 진로의 인수 공개 입찰에 하이트맥주, 두산, CJ 등 막강한 기업들이 신청했던 것은 브랜드 가치의 중요성을 보여주는 실례라 할 수 있다. 동일 제품이라 하더라도 브랜드의 인지도가 높은 제품이 그렇지 않은 제품보다 소비자들에게 더 쉽게 알려지고 많이 팔리게 되는 힘을 갖는다는 것은 자명한 이치라 할 수 있다. 끊임없이 변화하는 고객과 시장에 효과적으로 대응하여 소비자를 지속적으로 확보하는 힘은 기업이 고객에 대해 가지는 브랜드 가치의 크기로부터 나올 것이다.

그러나 생각의 속도만큼 빠르게 변화하는 오늘날의 시장 환경 하에서 강력한 브랜드 가치를 창출하는 것은 쉬운 일이 아니다. '브랜드 자산' 이라는 개념을 제시하여 브랜드 연구의 초석을 마련한 브랜드 연구의 대부 데이비드 아커 박사는 그의 저서 '강력한 브랜드의 구축(Building Strong Brands)' 에서 이를 위해서 브랜드 이미지를 소비자의 뇌리에 강력하게 심어놓아야 한다고 말한다. 모든 브랜드들은 독특하면서도 강력한 이미지를 보유하기 위해 노력한다. 강력한 브랜드 즉, 파워 브랜드가 된다는 것은 소비자들의 머릿속에 특정 브랜드만의 독특한 인식을 소유하게 되는 것을 말한다. 따라서 강력한 브랜드가 되기 위한 전략적인 방법론을 브랜드 아이덴티티(Brand Identity) 구축이라고 설명하고 있다. 브랜드 아이덴티티란 브랜드 전략가들이 창조하고 유지하기 위해 개발하는 독특한 일련의 브랜드와 관련된 연상이다. 이런 연상은 브랜드가 상징하는 것을 나타내고 그것을 만든 기업이 제공하는 고객에 대한 약속을 포함한다.

그 예로써 수년 내에 강력한 브랜드가 된 제너럴모터스(GM)의 새턴(Saturn)의 사례를 들고 있다. 새턴은 세계 수준의 제품을 생산하여 소비자와 전문가들로부터 그 품질을 인정받았으나, 품질만 가지고 강력한 브랜드를 만들 수는 없었다. 소비자들에게 주목과 신뢰를 받고, 자사에서 원하는 브랜드 이미지를 소비자에게 지각시킬 전략이 필요하였다. 그리하여 새턴은 통합적 마케팅 커뮤니케이션 전략(IMC)을 통해 하나의 모습, 하나의 목소리로 다양한 커뮤니케이션 형태를 개발하였다. 새턴은 자동차만을 파는 것이 아니라 회사의 가치와 문화, 그리고 제품을 쓰는 소비자를 광고를 통해 보여 주었다. 이러한 활동들은 새턴에 자동차 기능 이상의 정서적 의미를 부여하였고 결과적으로 강력한 브랜드 가치의 원천인 고객 중심의 브랜드 아이덴티티 구축에 성공하였다. 또 다른 사례로 바디샵(The Body Shop)은 제품의 원료 구입을 통해 경제적 후진국을 도와주고, 열대 우림 지역 등 자연보호 활동을 펼치는 사회공헌활동에 주력하였다. 이 같은 노력들은 결국 바디샵 브랜드를 인류애 및 건강과 환경을 중요시하시는 브랜드 아이덴티티를 갖게 만들었다.

소비자의 마음속에 첫 번째로 생각날 수 있는 브랜드가 되기 위해서는, 이처럼 소비자와 브랜드 간의 연관성을 찾아 핵심적인 브랜드 가치를 강력히 심어주며 브랜드 자산의 통합적이고 지속적인 관리가 필요하다.

브랜드 경영에 대한 체계적인 지식구축과 브랜드 경쟁력 강화를 위한 서적으로 브랜드 관리의 전반에 대한 내용을 담고 있는, 산업정책연구원에서 발간한 「Brand Building, Brand Management, Brand Communication, 브랜드경영, 브랜드자산」을 추천한다. 이러한 책들을 통하여 브랜드경영의 개념을 이해하고 전략을 수립하는 브랜드경영 마인드를 고취할 수 있을 것이다.

그림 8. 산업정책연구원에서 발간한 브랜드 경영 서적

일곱번째 **프런티어** 경영

기술경영

파괴적 기술혁신, 세계를 사로잡는 비법!

21세기 무한경쟁시대에 있어 기업경쟁력의 핵심은 고객이 원하는 욕구를 보다 잘 해결해줄 수 있는 해결책을 제시하는 데 있다. 이러한 해결책을 제시할 수 있는 근간에 연구 · 기술개발부문 즉, 기술경영이 있다. 삼성전자가 다른 반도체 기업들보다 늦게 반도체 사업에 진입하였지만 20년 만에 세계 초일류 반도체 기업으로 성장할 수 있었던 것은 시장을 선도하는 기술력이 있었기 때문이다.

기업은 기술혁신을 가속화하기 위하여 다양한 기술경영 방법을 도입 · 확대하고 있다. 연구개발에 있어서도 보다 효과적으로 기술 및 제품을 개발하기 위하여 주요 선진국에 R&D연구센터를 설립하기도 하며, 연구결과를 효과적으로 활용하기 위하여 표준화 전략 및 특허 전략을 적극 구사하고 있다.

최고의 기업이 되기 위해서는 반드시 기술력이 뒷받침 되어야 한다. 기술력은 하루아침에 얻어지는 것이 아니기에 기술력 향상을 위해서는 도약과 모험, 열정, 끈기가 필요하다. 장기적인 시각으로 끊임없는 투자와 연구를 아끼지 말아야 할 것이다.

기술경영

현영석_한남대학교 경영학과 교수

대두 · 배경설명

기술경영(Management of Technology)은 기술을 효과적으로 획득, 관리 및 활용하기 위한 여러 가지 경영 및 지원 활동이다.

60, 70년대 미국에서 국방, 우주탐사와 같은 연구 결과가 공개되자 이 기술을 이용하여 재빠르게 상품화에 성공한 것은 미국이 아닌 일본이었다. 이에 따라 미국도 연구관리 뿐만 아니라 기술의 효율적인 사업화와 기술 및 지적재산권 문제에 관심을 가지게 된다. 1960년대 연구 과제 관리 수준의 제 1세대 연구관리/기술경영단계에서 70, 80년대에 들어서면 기업 간 · 국가 간 경쟁이 가속화됨에 따라 기술의 전략적 경영을 위한 2세대 기술경영 틀이 잡히기 시작한다. 90년대의 전사적 차원에서 기술경영을 발전시키는 3세대를 지나, 2000년대에는 기술혁신을 주도하던 성공적인 기업이 왜 멸망하느냐라는 딜레마를 구명하기 위해 불연속적, 파괴적 기술혁신을 다루는 4세대 기술경영 시대로 발전하고 있다.

현황

1962년 1인당 국민소득 85달러의 아시아 최빈국에서 2004년 13,000달러로 발전 한 우리나라의 경제 발전 원동력은 기술이다. 선진국에서 기술경영이 연구 관리에서 전략적 기술경영으로 변화했다면 개발도상국에서 기술경영은 기술 모방 및 기술이전 관리에서 연구 관리로 역진하는 현상이 나타난다. 개발 도상 국가는 기술도입, 흡수, 개량과정을 거쳐 자체연구를 통해 기술을 창출하는 단계로 발전해가기 때문이다.

우리나라의 기술경영은 1966년 한국과학기술연구원(KIST) 설립으로 연구 관리 기법이 도입된 때로부터 출발한다. 그 후 70년대 중반 대덕 연구단지가 건설되고 80년대 민간기업 연구소가 활성화, 대형 국책 연구 개발 사업이 활성화되면서 국가 및 기업차원에서 연구관리/기술경영의 중요성이 커지게 된다. 기술전략, 연구관리, 기술예측, 기술제휴, 기술의 상품화, 특허관리 등 기술경영문제는 기업의 핵심부문으로 부상하게 되었고 특히 신기술을 기반으로 하는 벤처기업과 기업가정신 연구도 기술경영의 중요 분야이다. 한편 기업에서 연구개발, 생산, 품질 등 기술문제를 총괄하는 CTO(Chief Technology Officer)제도를 운영하는 기업들이 늘어나고 있고 기술자출신 최고경영자가 CTO 역할을 겸임하는 경우도 많다.

관련 이론 소개

70년대 초반 우리나라에서의 선교활동으로 한국어에도 능통한 하버드 경영대학원 크리스텐젠 교수는 왜 '기술혁신을 잘하는 기업이 종국에는 몰락하는가' 라는 현실적인 문제의 답을 찾아내기 위해 성공기업의 딜레마(Innovator' s Dilemma), 성장과 혁신(Innovator' s Solution), '미래기업의 조건(Seeing What' s Next)' 이라는 책에서 파괴적 혁신이론, 자원-과정-가치이론, 가치사슬진화 이론을 제시하고 있다. 전화의 등장으로 1880~1900년 초 융성했던 미국 전보회사 Western Union의 몰락과 무선전화가 등장했지만 유선

전화 회사들이 공존할 수 있는 원리를 설명하고 있다. 비소비자를 소비자로 만들기 위해서 신규 진입자는 파괴적 혁신이 필요하며, 기존기업은 기술변화를 잘 파악하고 기존 자원을 잘 활용하여 효과적으로 대처해야 살아남을 수 있다는 것이다.

한편 Miller는 '4세대 연구관리'에서 기업이 영속하려면 현재의 기술, 시장, 고객을 넘어 새로운 기술, 시장, 고객의 소리를 인지하는 마케팅2 능력(기존 고객의 소리를 듣는 것은 마케팅1 로 정의)이 필요함을 주장하고 있다. 한편 물리학 박사인 엔디 그래브는 인텔 창업과 CEO 경험을 토대 이러한 새로운 기술변화 즉, 전략적 변곡점을 찾아내기 위해 최고경영자는 기술을 포함한 기업 환경 변화에 편집광적인 노력을 경주해야 기업이 살아남을 수 있다고 경고하고 있다. 현재 어려움을 겪고 있는 소니와 GM의 사례가 주는 시사점도 적지 않다.

1970년대 이후 압축 성장한 우리의 경제 및 기술발전을 구명하는 많은 연구가 수행되었다. KAIST 이진주, 배종태 교수가 제시한 '개발도상국 기술발전 총체적 모형(1988)'과 고 김인수 교수의 '모방에서 혁신으로(Imitation to Innovation, 1997 하버드대학 출판부)' 연구결과는 세계 학계의 주목을 받았다.

핵심요소 및 성공요소

1920년 5,000여개 미국 얼음 공장들은 전기냉장고가 나오자 역사에서 사라졌다. 기업이 새로운 환경 변화에 살아남기 위해서는 기존 기술, 시장, 고객을 대상으로 하는 혁신(2차적 혁신)이 아닌 새로운 기술, 시장, 고객을 만족시킬 수 있는 역량 혁신(1차적 혁신)이 필수적이다. 따라서 기업이 계속 발전하기 위해서는 환경변화, 특히 급변하는 기술 환경 변화를 파악하는 것은 물론 차별적 경쟁 우위를 갖는 새로운 기술을 창출하기 위해서 마케팅2 능력과 1차적 혁신 역량이 필수적이고 이를 위해서 소음을 차단하고 신호와 시대의 흐름 특히 기술흐름을 읽을 수 있는 경영자가 필요하다.

기업 적용 사례

1933년 일본 산부인과의사 미라따이 박사가 현미경을 만들기 위해 창업한 캐논은 오늘날 전자복사기, 프린터, 레이저 복사기, 디지털카메라와 같은 광학전자제품으로 2004년 매출 333억 달러, 순이익 33억 달러의 세계적 기업으로 성장하였다. 이는 기술변화를 먼저 파악하고 현미경을 만들기 위해 자사가 보유하고 있던 정밀기계기술과 광학기술 이외에 필요한 전자기술과 소프트웨어 기술을 기술제휴나 특허교차방식으로 부에서 획득하여 상품화한 기술전략과 빠른 기술학습 즉, 효과적인 기술경영 결과이다.

1975년 미쓰비시 기술을 도입해 포니를 만들던 현대자동차가 2004년 쎄타 엔진을 개발하여 NF-소나타를 생산하고 이 엔진설계를 미쓰비시와 크라이슬러에 5,700만 달러의 기술이전료를 받고 판매하는 성과를 올린 것은 우리 자동차산업의 기술혁신과 기술경영의 승리이다.

1969년 창립 후 산요기술을 도입하여 선풍기 조립을 시작한 삼성전자는 2005년 세계 최초로 16기가 메모리 반도체 개발에 성공하였고, 지난해 순이익이 100억 달러가 넘는 우량기업으로 성장하였다. 그 원동력은 효과적인 기술학습과 기술경영의 산물이다.

향후 전망 및 제언

연구개발의 중요성이 커짐에 따라 2003년 우리나라 전체 기술 개발비는 총예산의 2.5% 수준인 19조원으로 증가하였으며, 이중 75%는 10,270개 민간기업연구소에서 사용한 금액이다. 연구개발비를 증액하는 것도 물론 필요하지만, 공공부분과 민간부분 연구 활동의 효과적인 관리는 물론 필요한 기술을 파악하고 기술을 획득, 관리, 활용하는 전략적 기술경영의 중요성은 국가차원은 물론 기업차원에서도 더욱 커지게 될 것이다

일본 최고의 대학 중 하나인 히도츠바시 대학 경영학부에는 물리학, 전자공학 전문가가 전임교수로 있다. 과학기술의 이해 없이는 경영자가 될 수 없다는 논리에서다. 기술경영은 공학, 경영학, 정책학 등 관련분야와 밀접하게 연계된 학제적 특성을 갖고 있다. 따라서 우리나라에서도 경영대학과 공과대학에서 연구관리/기술경영에 대한 강의가 더욱 활성화되어야 할 필요가 있다.

요사이 삼성, 현대자동차, LG, SK 등과 같은 대기업들이 종업원 교육을 외부에 의뢰할 때 언제나 기술경영 과정을 요구하고 있다는 것은 기업에서 기술경영의 중요성이 커지고 있으며 현재 우리나라 경영대학과 공과대학의 교육과정을 보완해야 할 필요성이 강력하게 제기되고 있음일 것이다.

기업의 핵심역량, 기술경영

김민영_산업정책연구원 연구원

기업의 기술력 수준이 기업뿐만 아니라 국가의 경쟁력을 좌우하는 핵심 요인으로 부상하고 있다는 말은 더 이상 낯설지 않다. 이렇듯 기술경영은 기업의 핵심역량으로 자리매김하고 있고, 기업들은 기술경영을 통한 경쟁우위 확보를 위해 사활을 건 노력을 하고 있다.

LG전자

LG전자 김쌍수 부회장이 2005년 신년사 중, "경쟁에서 이길 수 있는 차별화된 기술을 선행 개발하고, 세계 표준을 선도할 기술을 조기에 확보하도록 R&D에 투자와 지원을 강화하겠습니다"라고 말하며 기술경영 강화의 의지를 밝혔다. LG전자는 2005년 전자 · 정보통신 업계 세계 5위 달성이라는 목표를 수립하고 인재경영, 글로벌 경영과 더불어 기술경영을 본격적으로 추진하고 있다.

LG전자는 구체적인 기술경영 강화 방안으로 연구 · 개발 인력의 대폭 확충, 글로벌 연구 · 개발센터 구축, 기술협의체 강화 등을 추진하고 있다. 우선 기술경영의 근간이 되는 우수 연구 · 개발 인력의 확보를 위해 경영진이 직접 나서 국 · 내외 연구 · 개발 인력 2,700명을 신규 확충하고 전체 연구 · 개발 인력을 1만 3천명으로 늘리는 계획을 실행 중에 있다. 또한 글로벌 연구 · 개발센터 구축의 일환으로 LG전자는 지난 해 세계 6개 국가에 휴대폰 연구 · 개발센터를 설립하였고 지난 2월 서울, 평촌, 안양에 흩어져 있던 연구소를 통합하였다.

LG전자는 1997년부터 우수 연구 · 개발 프로젝트에 대하여 R&D TDR(Tear Down & Redesign) 상을 수여함으로써 연구하는 조직 문화를 배양하고 미래 성장을 위한 핵심 기술을 발굴하고 있다.

삼성전자

한국의 대표적인 기술 기업 중 하나라 할 수 있는 삼성전자 또한 기술경영에 매진하고 있다. 삼성전자는 최근 3년간 연구 · 개발 분야에 11조원이 넘는 투자를 해 왔으며, 2004년 12월 현재 전체 임직원의 35%인 24,400명이 연구 · 개발 인력이다. 삼성전자는 디지털 컨버전스를 활성화하고 연구 · 개발의 시너지를 향상시키기 위해 기술총괄을 신설하였다. 또한 금년 초 단행된 임원 인사 및 조직 개편에서도 기술총괄 책임자를 부회장급으로 격상시키는 등 기술경영에 대한 굳은 의지를 표명하였다. 특히 삼성전자는 2005년을 특허경영의 원년으로 선포하고 2007년까지 미국 특허 등록 순위 세계 3위로 도약한다는 비전을 제시하여 핵심 역량으로서의 기술경영에 대한 의지를 더욱 공고히 하였다.

삼성전자의 부회장 및 사장을 포함한 11명의 경영진 중 7명이 이공계 출신이다. 삼성전자의 기술경영을 진두지휘하고 있는 이윤우 부회장은 삼성전자 임원들의 상당수가 공대 출신의 기술자이고 이들을 우대하는 분위기가 삼성전자의 강점이라는 말로 인재와 기술이 융합된 삼성전자의 핵심역량을 강조하였다.

3M

대표적인 기술 혁신 기업으로 인정받고 있는 3M은 연간 11억 달러를 연구 · 개발에 투자하고 있으며, 최근 5년간의 연구 · 개발비 누계는 55억 달러에 달한다. 3M은 금전적인 투자뿐만 아니라 연구 · 개발을 장려하는 기업 문화로 기술경영 분야에서 경쟁우위를 확보하고 있다. 3M은 '상식'이라는 미명하에 사장되는 신선한 아이디어를 보호하기 위해 여러 종류의 제도를 운영하고 있다. 또한 기술직 사원은 근무 시간의 15%를 자신의 업무와 무관한 분야에 투자하여 관심 분야를 자유롭게 연구할 수 있다. 나아가 3M은 총 매출액의 30%를 최근 4년간 개발한 신제품으로 달성한다는 경영목표를 설정함으로써 기존 제품의 개선이 아닌 기술 혁신을 통한 새로운 시장 창조를 종용하고 이를 위해 50개의 유연하고 독립적인 사업부 조직 구조를 갖추고 있다.

LG전자, 삼성전자, 3M의 기술경영 사례에서 살펴본 바와 같이 기술경영은 장기적인 기업경쟁력의 원천이라 할 수 있다. 또한 기술경영의 성공 요건은 양질의 기술인력, 기술경영을 가능케 하는 조직과 제도 그리고 경영진의 관심과 투자임을 알 수 있다.

기술경영 서적 소개 :
「혁신가의 딜레마」, 「혁신가의 해법」, 「미래과제 살펴보기」
– 클레이튼 크리스텐슨 –

권순영_산업정책연구원 연구원

최근 기업의 경영 혁신을 주제로 한 서적들이 앞다투어 출판되고 있다. 경영혁신 관련 책자들 중에서도 특히 기술혁신분야의 대표적 베스트셀러를 꼽는다면 하버드대학의 클레이튼 크리스텐슨(Clayton M. Christensen) 교수의 저서가 단연 돋보인다. '와해성 기술(Disruptive Technology)' 과 '존속성 기술(Sustaining Technology)' 로 대별되는 다소 파격적인 경영혁신 패러다임을 통해 세계적 우량기업들의 실패원인을 체계적으로 분석한 그의 저서들은 최근 경영자와 기업실무자, 일반인들에게 큰 반향을 불러일으키는 것으로 보인다.

'경영학의 아인슈타인' 으로도 불리는 저자는 하버드 경영대학원의 석좌교수로 재직하면서 초우량기업의 실패담, 성공하는 기업의 조건 등을 주요 연구대상으로 한 혁신(Innovation) 시리즈를 저술하고 있는데, 「혁신가의 딜레마」(The Innovator's Dilemma, 1997), 「혁신가의 해법」(The Innovator's Solution, 2003), 그리고 이 시리즈의 완결편 격인 「미래과제 살펴보기」(Seeing What's Next, 2004)를 통해서 소위 '잘 나가던' 우량기업들의 실패원인이 와해성 기술의 출현과 그 대응자세에 있다고 지적한다.

크리스텐슨 교수는 와해성 기술혁신에 대해서 대다수 고객이 기대하는 성능은 만족시키지 못하지만, 전혀 다른 성능을 요구하는 새로운 고객의 기대에 부응할 수 있는 기술이라고 정의하고 진공관의 수요를 대체한 트랜지스터, 기존 백화점의 입지를 위협하는 대형 할인점의 출현, 북미 모터사이클 시장을 잠식한 혼다(Honda), 그리고 메모리반도체 사업에서의 부진을 마이크로 프로세서 사업의 성공으로 이어간 인텔(Intel) 등을 와해성 기술혁신의 대표적인 사례로 들고 있다.

조금 당황스러울 수 있지만, 저자는 기업 성공의 결정적 역할을 하는 논리적이고도 합리적인 경영상의 의사결정이 오히려 그 기업의 선두적인 지위를 잃게 하는 주요 원인이 될 수 있다고 보았다. 즉, 기존 시장을 선도하는 대기업이 자신이 가장 잘 할 수 있는 일을 너무 열심히 하기 때문에 실패할 수 있다는 것이다. 이러한 견해를 뒷받침하기 위해 초우량기업의 사례를 들어 설명하였는데, 이들 기업의 실패에는 와해성 기술혁신의 전략적 가치를 간과한 채 시장의 기대 수준을 넘어서는 기술 개발에 매진하고, 소규모 신규시장에 대한 투자를 등한시 했다는 공통된 요인이 존재하고 있었던 것이다.

그렇다면 기존사업의 경쟁력을 유지하는 동시에 위협적인 와해성 기술에도 적절하게 대응할 수 있는 방법은 무엇일까? 크리스텐슨 교수는 이에 대한 해답으로 다음에 이어지는 네 가지 방법을 제시하고 있다. 첫째, '남보다 먼저' – 기업이 잘 나가고 있을 때 와해성 기술혁신이 나타날 만한 분야에 미리 투자하여 미래를 대비할 것. 둘째, '작은 규모로' – 기존 시장의 틈새나 소규모의 신시장을 기반으로 시작하는 신규 사업은 작은 규모로 시작해서 초기의 투자비부담을 줄일 것. 셋째, '독립된 조직으로' – 조직의 이해관계와 양립하기 어려운 와해성 기술혁신 사업은 독립조직에서 별도로 관리함으로써 기존

조직의 영향을 차단할 것. 넷째, '작은 성과부터' – 신사업이 일정한 궤도에 올라서기 전, 성급한 투자자들을 안정시키고 조직구성원들로 하여금 성공에 대한 확신을 심어주기 위한 작은 성과를 보여줄 것.

혁신가의 딜레마　혁신가의 해법　미래과제 살펴보기

그림 9. 크리스텐슨의 혁신시리즈 3권

여덟번째 프런티어 경영

글로벌 리더십 경영

세계로 通해야 산다!

국내 기업의 해외투자가 늘어나고 경영환경의 세계화로 세계문화에 대한 깊은 이해가 없으면 세계경쟁에서 살아남기 어려운 시대가 되었다. 이러한 21세기 글로벌 경쟁시대에는 CEO의 역할이 가장 중요하지 않을 수 없다. 즉, CEO가 글로벌 리더십의 소유자이냐의 여부가 경영성패를 가를 수 있는 중요 변수로 떠오르고 있는 것이다.

글로벌 리더십은 세계시장 이해를 통한 사업의 전략적 방향을 설정하고, 글로벌 역량을 갖춘 인재를 선발 · 배치하는 역량으로 요약될 수 있다. 이에 많은 기업에서는 글로벌 마인드를 가진 인재선발에 중점을 두고 있다. 작년 LG전자 임원들은 해외출장의 3분의 1을 인재를 스카우트하기 위한 시간에 할애하였으며, 많은 대기업들은 글로벌 인재를 먼저 확보하고 채용하기 위해 온갖 정성을 쏟고 있다. 인재 육성 프로그램을 통해 글로벌 리더를 양성하고자 하는 기업들도 늘어나고 있다. 유한킴벌리는 1993년부터 사내에 평생학습체제를 도입하여 직원 역량을 꾸준히 강화시켜왔다.

1983년 GE의 회장인 잭 웰치는 낡고 유명무실해진 크로톤빌 연수원 재건공사에 드는 4600만 달러 짜리 지출안에 서명하면서 투자 회수기간 항목에 '무한'이라고 써넣었다. 투자 회수기간은 길지만 투자에 가장 큰 보람과 성과를 느낄 수 있는 일이 인재양성이다. 세계 초일류기업과의 경쟁이 불가피한 지금 이들을 상대로 승리하기 위해서는 글로벌 리더십을 지낸 인재양성이 선행되어야 할 것이다.

프런티어 경영_Frontier Management

글로벌 리더십 경영

여현덕_서울과학종합대학원 교수

CEO에게 리더십은 경영의 근간이다. 그 옛날 모피를 거래하던 시절부터 오늘날 창조혁명의 시대에 이르기까지 다양한 환경만큼이나, 다양한 리더십이 있어 왔다. 토마스 왓슨의 "직원이 명성을 결정한다" 에서부터 샘 월튼의 "꿈을 심어주라", 마이클 델의 "고객이 왕이다", 또 잭 웰치의 "학습만이 살 길이다", 앤디 글로브의 "변화에 유연하게 대처하라" 그리고 빌 게이츠의 "기술의 표준을 장악하라"에 이르기까지….

하지만 오늘날의 리더가 직면하고 있는 두 가지 측면은, 비즈니스가 여러 나라와 국경을 가로지르며 일어나는 글로벌 경영 무대라는 점과 기업경영이 과학기술, 법, 정치, 사회문화 등의 다양한 요소와 복잡다단하게 얽히면서 종합적으로 움직인다는 점이다. 따라서 다양한 비즈니스 시스템과 이질적인 문화를 하나로 종합해서 상황을 꿰뚫어보는 글로벌 리더십이야말로 경영의 성패를 좌우하는 핵심이라 하겠다. 그런 점에서 21세기 글로벌 CEO는 글로벌 무대에서 보편적인 마인드를 가진 전문가(a Specialist with a Universal Mind)이어야 하고, 다양한 환경, 다양한 나라, 다기능에 익히 훈련되어 있어야 하며, 언제 어떤 상황에서도 대처할 실력을 가지고 있어야 한다는 것이 중론이다.

막스 베버(Max Weber)는 리더십의 요소로 열정, 책임감, 그리고 통찰력의 3가지를 제시했다. 피터 드러커(Peter F. Drucker)는 위기시 조직 구성원의 사기를 결집할 수 있는 리더십을 강조했다. '리더십 IQ'를 쓴 머피(Emmett Murphy)는 리더가 가져야 할 능력으로는 선별하는 능력, 연결하는 능력, 문제해결 능력, 평가하는 능력, 협상하는 능력, 치유하는 능력, 보호하는 능력, 시너지를 만들 줄 아는 능력 등을 나열했다.

글로벌 리더가 진정한 성공을 거두기 위해서는 여러 가지 요소가 종합적으로 필요하겠지만, 글로벌 맥락에서 경영리더가 가져야 할 덕목으로 다음과 같은 네 가지를 들 수 있을 것이다.

첫째는, 윤리(eThics)이다. 철저한 윤리의식과 사회적 책임을 가진 기업가야말로 글로벌 리더다. 오늘날 아무리 돈을 많이 벌고 글로벌 시장을 차지한 회사라도, 이 부분에서 뜻밖의 사고를 당하면 기업 이미지의 심각한 손상은 물론이고 수 십 년 동안 쌓아온 기업의 생존을 위협하는 경우가 종종 있다. 그래서 글로벌 기업들 중에서 존슨앤존슨(Johnson & Johnson)은 오래 전부터 소비자에 대한 의무, 종업원에 대한 의무, 사회와 공동체에 대한 책임, 주주에 대한 책임을 명시한 기업신조(Our Credo)를 갖추고 세부지침으로 Business Conduct Policy를 정착시키면서 세밀한 윤리경영 매뉴얼을 실천하고 있으며, 제너럴 일렉트릭(GE)은 항시 투명회계와 보고를 명시한 사베인스-옥슬리법(Sabanes & Oxley Act)을 준수하도록 최고경영자가 수시로 직접 독려할 뿐만 아니라 기업 활동에 윤리경영이 정착되도록 시스템과 문화를 적극 전파하고 있으며, 전 직원 대상 윤리서약 및 윤리교육을 실시함은 물론 직급별로 사내 옴부즈맨, 준법감시인, 사내변호사, 인사담당자들이 윤리사항을 상담, 점검하고 있다.

나아가 글로벌 경영리더는 단순히 미시적인 윤리의식의 실천에 머물지 않고 적극적으로 사회적 책임분담을 하여 전 세계 소비자와 국민의 신뢰를 얻는다. 바디샵은 기존의 소비재(화장품) 회사이면서도 순수 자연주의, 동물실험 반대, 인권존중, 제3세계와 지구보존 공동협력 등의 사회적 가치를 내걸고 실천하며 바디샵의 물건을 사는 것 자체가 공공이익을 실천하는 것과 같다는 사회 공익기업으로 확고한 이미지를 심어주는데 성공하였다. 국내에서는 유한킴벌리가 윤리경영과 사회책임 기업의 좋은 본보기가 되고 있다. 영국의 수상 토니 블레어와 마이클 델 회장은 다보스포럼에서 행한 대담에서 오늘날 정부와 기업은 사회적 리스크와 책임의 공동 관리 파트너라고 규정했다. 이처럼 기업의 리더가 가져야 할 사회적 책임과 공익적 역할이 새롭게 부각되고 있다는 것은 기업이 정부와 비견될 만큼의 국민적 신뢰를 얻어야 하는 공공리더의 특성에 그 만큼 가까워 졌다는 의미이다.

둘째, 팀웍(Teamwork). 팀웍은 평상시에는 아이디어와 창조를 만드는 문화이지만, 위기 시에는 위기의 폭풍을 헤쳐 나갈 수 있는 에너지가 된다. 어느 기업이나 조직에서든 위기는 언젠가는 반드시 오게 되어 있다. 복잡하게 얽혀서 돌아가는 글로벌 무대에서는 위기의 요소가 훨씬 커졌다. 위기가 도래할 경우, 한 조직의 리더로서 해야 할 가장 중요한 과제는 닥쳐오는 위기를 예측, 예방하는 것이 물론 가장 중요하지만, 그렇지 못했더라도 조직의 높은 사기와 에너지를 고양시켜 언제나 대응이 가능하도록 만들 수 있는 감성을 격려하는 리더십(Energizing & Empowering Leadership)이 절실한 시대다.

GE의 잭 웰치(Jack Welch)는 "비즈니스란 창조하는 것이 전부가 아니고, 아이디어의 가치를 보는 것 - 때로는 보고, 때로는 취하고, 때로는 확대하는 것"이라고 했다. 그래서 아이디어의 가치를 깨닫는 사람은 더 좋은 길을 찾기 위한 열정에 사로잡혀 아침에 더 일찍 일어나고, 회사와 동료로부터도 무엇인가를 배우려고 하는 동기를 불어넣어 준다. 리더란 사람들이 이렇게 하도록 만드는 사람이다.

과거 산업화 시대와는 달리 오늘날과 같은 지식기반의 창조혁명 시대에는 카리스마적 리더 보다는 팀웍을 북돋우고 팀과 조직 전체의 팀플레이 문화를 만들어내는 리더십이 중요하다. '지식은 힘' 이지만, 새로운 지식창조의 과정(Process)은 너무나 깨지기 쉬운 것이므로 팀원들에 대한 배려와 신뢰, 보살핌 등으로 아이디어 하나하나가 소중히 자라도록 배려해 줄 때 창조적인 상상력이 자란다. 따라서 기업들은 그동안 카리스마가 있는 스타형 CEO를 찾아 헤맸지만, 이제는 평범하지만 세심하고 배려심 많은 경영자를 원하고 있다(SHRM Annual Conference 2004.6).

얼마 전까지만 해도 미국에서 기업인이라면 동정심이나 관용, 이상주의 등 '가슴(Ethos)' 은 던져버리고, 효과, 실적, 목표지상주의, 혁신 등 '머리(Logos)' 만 갖추고 배신하는 것이 정설이었다. 물론 이것은 지금도 중요하다. 하지만 하이테크 못지않게 사람을 강조하고, 하이 터치를 소중히 여기며, 구성원에게 기회를 주는 리더(Facilitator), 필요한 힘을 불어넣어주는 리더(Empoweror)의 역할이 보다 더 강조되고 있다. 기업조직이 긍정적으로 사고할 수 있도록 분위기를 조성하고, 행복한 직장 분위기를 조성하기 위해 경영리더(CEO)는 '두 개의 귀, 한 개의 입' 을 가져야 한다고 강조한다.

오늘날 글로벌 리더십에서 무엇보다도 중요한 것이 인재양성과 발굴 시스템이다. 글로벌 기업은 이를 '리더십 파이프라인' 이라고 부르며, 이 시스템을 구축함으로써 글로벌 리더 양성에 그 역량을 쏟는다. GE의 '리더십 파이프라인' 은 장기적, 계획적 경영자 양성 시스템의 산물로서, 1970년대 초 리더 승계 프로그램인 크로스로드 모델에서 출발하여 모든 조직의 리더십 양성에 활용할 수 있는 리더십 개발 모델이다. 이 모델은 초급관리자 – 중간관리자 – 기능별관리자 – 사업총괄관리자 – 그룹 관리자 – 기업 관리자의 6단계로 나누어 단계별 리더십 역할의 변화를 강조하며 각 단계에서 성공적인 리더십을 이룬 인재만을 최고의 자리인 기업 관리자(CEO)로 성장하도록 하고 있다. 우리나라의 삼성전자나 LG전자와 같은 글로벌 기업들도 이와 유사한 인재 양성 시스템을 도입하고 있다.

미국 최대의 도넛 체인 Krispy Kreme의 CEO인 Scott Livengood은 아직도 스스로를 CEO라기 보다는 최고 인사 책임자(Chief Human Resource Officer)라 지칭하면서, 기업의 부를 창조하고 조절하는 주체로서 사람의 중요성을 인식하고 있다. 1966년 취임 이래 지속적으로 인재의 동기부여, 리더십개발에 집중하고 있는 그는 평범하지만 위대한 말을 남겼다. "인적자원이 가장 강하고 긍정적인 힘이다. 이 힘만이 우리를 바꿀 수 있다"고.

셋째, 오늘날 기술 선도력(Technology Pioneer)은 글로벌 경영 리더십의 핵심영역 중 하나이다. 얼마 전 삼성전자의 황창규 사장은 조그만 메모리 칩 하나로 신문 200년 분량을 담을 수 있는 16기가 낸드 플래시 개발을 발표했다. 애플이 '아이팟 나노' 에 삼성의 낸드 플래시를 장착했듯이, 이제 "세계적 IT 업체들이 플래시 메모리를 얻기 위해 삼성전자로 몰려들 것"이라는 전망이다. 즉, 기술 선도력을 가지고 세계적인 경영 리더의 자리를 지켜나가는 것이다. 휴대전화, 디지털 카메라, MP3에서 노트북까지 모든 전자 기기들의 저장 장치가 플래시 메모리로 대체되는 새로운 시대로의 진입을 선도한 삼성전자는 차세대 모바일 디지털 시장을 주도해 인텔을 누르고 세계 최고의 반도체 업체로 글로벌 리더가 되는 것이다. 하지만, 기술에서 글로벌 리더가 되는 것은 단순히 기술혁신과 선도에만 있는 것이 아니다. 마이크로소프트가 글로벌 리더가 된 데에는 세계적 표준화를 통하여 세계적 가치를 얻었기 때문이라는 이유가 있었다. 즉 기술 자체가 아니라 글로벌 경영 리더십에 그 해답이 존재했던 것이다.

넷째, 찾아오는 기회를 놓치지 않는 눈과 능력, 그리고 숨은 인재를 찾아내는 노력이다. 우리는 이를 창조적 사고를 만드는 스토리텔링(sTory-telling)의 방법을 통하여 이룰 수 있을 것이다. 고대 로마 신화에 나오는 행운의 여신 포츄나(Fortuna)는 머리카락이 앞에만 있고 뒤에는 없는 대머리이다. 이는 행운의 여신이 다가오는 즉시 기회를 놓쳐 앞머리를 붙잡지 않으면 뒤늦게 잡으려 해도 잡을 수가 없다는 것을 뜻한다. 근대 과학의 아버지 마키아벨리는 지도자에게 이런 행운은 덕(德) 혹은 실력을 뜻하는 비르투(Virtu)라고 불렀고, 비르투를 쌓아야 포츄나가 보인다고 말했다. 즉, "행운은 능력에 부응한다"는 것이다. 찾아오는 기회를 놓치지 않는 능력을 가져야 할 것이다. 또한 마키아벨리는 지도자가 되기 위해서는 위의 두 가지 요소 외에 네체시타(Necessita: 시대정신)를 읽고 거기에 부합하라고 충고하고 있다.

오늘날 글로벌 리더가 처한 상황은 단순히 단일 국가 내에서만 이루어지는 경영이 아니라, 여러 나라에서 동시에 동일한 상품을 판매하여야 하므로 조직이 처한 국제적 환경, 그 나라의 법과 관습, 소비자의 기호, 현지화와 적합한 인력발굴과 인재양성 등 여러 가지 요소들이 매우 복합적으로 얽혀있다. 따라서 이를 기민하게 이해하고 대처하는 능력(리더십)을 가져야 한다.

그런 점에서 글로벌 리더에게는 4T 즉, 윤리경영(eThics), 기술선도(Technology), 구성원의 에너지를 극대화하여 창조를 낳고 위기에 대처하는 문화를 만드는 리더십(Teamwork, sTorytelling)이 절실하다. 글로벌 리더는 위에 언급한 네 가지 요소를 융합하여, 그 시대정신과 경영환경에 부합하는 결정을 내리는 것이며, 이 과정에서 한국은 물론 글로벌 무대에서 시시각각으로 생성되는 새로운 시장, 새로운 기회를 놓치지 않는 능력, 진정한 글로벌 리더십을 만들어갈 수 있게 될 것이다.

글로벌 리더십 경영 사례

김은정_산업정책연구원 연구원

19세기에는 국가의 세계화, 20세기에는 기업의 세계화, 21세기에는 개인의 세계화로 트렌드는 변화해왔다. 이러한 변화 속에서 성공적인 글로벌 경영을 위해서는 21세기 글로벌 시장을 이해하고 다문화적 세계에서 탁월한 능력을 발휘할 수 있는 리더의 존재가 무엇보다도 필수적이라 할 수 있다.

도요타(TOYOTA) 자동차는 세계에서 가장 존경 받는 회사 중 하나이다. 아시아의 경제위기를 헤쳐나간 도요타의 오쿠다 히로시 회장은 글로벌 리더로서 모든 경영자들의 귀감이 되고 있다.

세계 제 2의 자동차 회사 도요타는 작년 급격한 해외 판매 증가세를 보이며 671만대의 판매대수를 기록했다. 해외 판매대수는 10년 전 100만대에서 3배나 늘어난 것으로 향후 글로벌화는 더욱 탄력을 받을 것으로 예상되고 있다. 그러나 이러한 도요타에게도 위기는 있었다. 95년 43%를 자랑하던 도요타의 일본시장 점유율은 37%까지 떨어졌다. 당시 취임한 지금의 오쿠다 회장은 위기를 극복하기 위해 일본식 경영을 깨뜨리기 시작하여 연공 서열제 폐지, 성과급제도 실시, 사내 벤처 육성, 해외 지식인들을 집합시킨 자문위원회 창립 등

경영의 글로벌 스탠더드화를 숨 가쁘게 추진했다. 그의 목표는 도요타를 세계 제 1의 자동차 회사로 만드는 것이라고 했다. 그는 이러한 목표 아래 젊은 인재양성과 스피드 경영을 실천하며 그 누구보다도 미래에 귀 기울이고 세계 소비자들이 무엇을 기대하고 무엇을 필요로 하는지 파악하여 글로벌화와 로컬화를 병행함으로써 도요타가 조화로운 성장을 추구하도록 독려했다.

글로벌 리더십이 돋보이는 국내 기업으로는 태평양과 GS칼텍스를 꼽을 수 있다.

올해 창립 60주년을 맞이하는 태평양(AMOREPACIFIC)은 국내 화장품 업계 1위를 고수하며 글로벌 기업으로 발돋움하기 위해 끊임없는 혁신을 추진하고 있다.

현재 태평양의 수장인 서경배 사장은 1994년부터 그룹 기획조정실 사장을 맡아 화장품과 관련 없는 자회사의 정리와 구조조정에 앞장섰으며, 그 결과 태평양은 '화장품 전문 기업' 으로 탈바꿈 하는데 성공했다. 서 사장은 트렌드와 이미지에 민감한 화장품과 생활용품 특성에 맞게 스스로 변화와 혁신을 추구하는 유연한 경영을 통해 기업 체질을 개선하는데 주력하고 있다. 그는 특히 태평양을 '글로벌 기업화' 하는데 있어 중국과 프랑스, 미주 지역을 3대 축으로 글로벌 전략을 내세우고 '뷰티산업' 과 '헬스산업' 에 경쟁력 있는 모든 역량을 집중하고 있는 상황이다. 현재 1억 달러인 해외매출을 2015년에 12억 달러로 확대할 계획이며, Global Top 10 화장품 회사로 도약하기 위한 목표를 설정하고 있다.

우리나라 정유와 석유화학산업의 주도기업인 LG칼텍스 정유 주식회사는

2005년 3월 31일 GS칼텍스 주식회사로 회사명을 변경하며 새롭게 출범하였다.

1973년 GS칼텍스(당시 호남정유)에 입사한 허동수 회장은 세계 경영흐름을 정확히 읽는 국제 감각의 소유자로서, 격식과 절차보다 창의와 실천을 중시하는 현장중시 스타일로, 해박한 이론과 풍부한 현장 경험을 겸비한 글로벌 리더로 평가되고 있다.

그는 정유산업의 중요성을 인식하고 남다른 경영철학과 국가에 대한 사명감을 갖고 여러 가지 발상의 전환을 통해 오늘날의 GS칼텍스를 일구어 냈다고 할 수 있다. 1994년 대표이사로 취임한 그는 휘발유 시장에 업계 최초로 브랜드 개념을 도입하였으며, 급변하는 사업 환경과 국제 석유시장에 유연하게 대처하기 위해 의식구조, 조직구조, 사업구조라는 3대 구조개혁을 선언하고 이를 실행에 옮겼다. 그가 가장 중요하게 생각하는 경영철학은 '정도 경영'과 '기업의 경쟁력은 사람'이라고 한다. 1994년 윤리규범 실천지침을 마련한 그는 공정하고 투명한 경영활동으로 경제적, 사회적 비용을 최소화하는 것이 회사의 경쟁력을 강화하는 길이라고 보았다. 여기에 그는 그만의 소신과 열정 그리고 끈기를 통해 그의 최대 소망인 GS칼텍스의 비전 "The Leader in Providing Total Energy Service"를 달성하기 위해 전진하고 있다.

글로벌 리더십 경영 서적 소개 :
「글로벌 리더십의 조건」 -로버트 로젠 외 3인 공저-

강민정_산업정책연구원 연구원

21세기에 들어서면서 전 세계를 잇는 네트워크의 발달과 세계경제흐름의 판도가 글로벌화 됨에 따라 각 기업을 이끌어 갈 CEO의 새로운 리더십이 요구되고 있다. 그렇다면 이 시대를 책임질 CEO는 어떤 자질을 갖추어야 할까?

리더십과 글로벌 조직론 분야에서 세계적 명성을 가진 비즈니스 컨설턴트이자 심리학자이며, 현재 '글로벌 1000' 기업의 중역 및 전 세계 경영자들에게 리더십 컨설팅을 제공하는 '헬시 컴퍼니즈 인터내셔널' 의 CEO인 로버트 로젠(Robert Rosen)을 중심으로 3명의 공동 연구자들이 컨설팅 회사 '왓슨 와이어트 월드와이드' 와 함께 3년 동안 공동 작업한 '글로벌 리더십의 조건(원제목: Global Literacies)' 에서 그 해답을 찾아볼 수 있다.

이 책은 미국 코카콜라, 네덜란드 ING 그룹, 한국 삼성그룹, 중국 핑안 보험회사, 인도 비를라 그룹, 남아프리카 발로 랜드 사, 프랑스 비벤디 사 등 전 세계 6대주에 걸쳐있는 총 28개국의 유수한 대기업 CEO 75명을 직접 인터뷰하고 인터뷰 대상 국가의 문화를 조사하여 결론을 도출하는 방법론을 채택하여 공저자들이 설정한 이론적 틀과 현실을 접목하고자 노력하였다. 우선 공저자들은 세계화와 지역통합으로 시장의 영역을 허물고 산업간 장벽을 무의미하게 만드는 기술의 변화 등으로 특징지어지는 경쟁 환경 하에서 글로벌 기업을 이끄는 리더는 어떤 방법으로 자기 혁신과 변화를 모색하는가, 또한 지속적으로 세계시장에서 글로벌 리더로서의 위치를 유지하기 위해 핵심 역량을 어떻게 구축해 나가는가를 분석하였다.

그러나 이 책은 전형적인 경영학적 접근과는 달리 글로벌한 기업 환경의 핵심 요소로서 '개인적 리터러시', '사회적 리터러시', '사업적 리터러시', 그리고 '문화적 리터러시'를 제시한다. 여기에서 '리터러시(Literacy)'란 어떤 특정 개념이나 특정 지역의 사정을 훤히 알고 있는 것으로 정의된다. 공저자들은 위 네 가지 요소 측면에서의 '리터러시'를 모두 갖춘 경우에만 급변하는 환경에서 생존하기 위한 핵심 요소인 '글로벌 리터러시'를 확보할 수 있다고 주장한다.

이어 공저자들은 글로벌 조건을 실천하는 방법을 제시하였다. 글로벌 기업으로서 성장하기 위해서 기업은 어떻게 목표를 설정하고 계획을 세워 가야 하는가, 현재 어떤 자원을 보유하고 있으며 이를 보완하기 위해 글로벌 시장에서 네트워크를 어떻게 활용할 것인가를 사례와 함께 설득력 있게 전개한다.

마지막에는 각 기업의 CEO에게 각자가 글로벌 리더로서 '글로벌 리터러시'를 갖추고 있는지를 자문해 보고 평가해 보기를 권고한다. 각 기업은 결국 글로벌 기업으로서 어떤 성과를 거두었는가에 따라 성장의 대열에서 탈락하기도 하고 더욱 글로벌하고 강한 기업으로 변신하게 되기도 하는데 이를 결정하는 가장 중요한 요소 중 하나가 글로벌 리더의 역할이다.

과연 우리 기업은 세계적 글로벌 기업군에서 어디쯤 위치하고 있을까? 현재 우리나라의 기업문화 하에서 과연 기업의 CEO들이 글로벌 리더로서 성장하고 독립적 역할을 다할 수 있는 여건이 되어 있는가? 이러한 자문을 해 볼 때, 우리는 이 책을 통해 '글로벌 리터러시' 와 급변하는 경영환경에 대응하는 실천전략 체제의 여건을 동시에 마련해야 하는 절박한 경쟁의 세계에 살고 있음을 새삼 느끼게 된다.

그림 10. 글로벌 리더십의 조건

아홉번째 **프런티어** 경영

대기업과 중소기업의 상생을 위한 협력경영

대기업 – 해피 투게더! – 중소기업

대기업과 중소기업 간 협력경영을 통한 동반성장의 바람이 불고 있다. 글로벌 무대에서 양자의 협력관계가 가져다주는 과실에 관심을 갖기 시작한 것이다. 그러나 아직 중소기업들을 사업파트너로 생각하기 보다는 희생의 발판으로 삼으려는 대기업도 적지 않다. 대기업과 중소기업의 상생협력이 보편화되기 위해서는 이러한 관계가 장기적으로 이득이 된다는 확신이 자리 잡아야 가능 할 것이다. 소형 주방가전을 생산하는 엔유씨전자와 GS홈쇼핑과의 협력을 통한 판매성공, 포스코와 중소협력업체의 '베네피트 셰어링(Benefit Sharing)' 등은 중소기업을 수직적 하청업체가 아닌 동반자로 여겼을 때의 긍정적 시사점을 제공해 주고 있다.

이러한 거래관계를 위해서는 대기업과 중소기업 쌍방의 역할이 중요할 것이다. 대기업은 지나친 납품단가 인하요구를 지양하고, 대금지급방법도 장기어음이 아니라 현금으로 지급하는 등 노력하는 한편 중소기업도 기술 및 품질향상, 원가절감을 위한 노력을 게을리 해서는 안 될 것이다. 이렇게 노력해 나가는 자세를 통해 협력경영이라는 좋은 취지가 일회성 행사로 끊나지 않도록 서로를 협력의 파트너로 인정할 수 있는 풍토를 만들어 나가는데 주력해야 할 것이다.

대기업과 중소기업의 상생을 위한 협력경영

김병순_단국대 경상대학 교수

중소기업이 강해야 대기업도 경쟁력을 가질 수 있다는 말을 자주 듣는다. 이 말을 중소기업 경영자가 하였다면, 정부나 대기업이 그간 상대적으로 불리한 대우를 받았던 중소기업에 대하여 정책적 지원을 확대하지 않으면 안 된다는 주장쯤으로 생각했을지도 모른다. 하지만 대기업의 경영자가 자사(自社)의 성장이 수많은 협력업체의 도움과 희생에 기인하였음을 솔직히 인정하고, 앞으로 동반성장을 위한 실질적인 협력경영을 강조한 것이라면 그 의미는 전혀 달라진다. 왜냐하면 대기업들의 부품중소기업에 대한 높은 불신(不信)의 벽이 오늘날까지 지속되고 있는 불공정한 하도급 관행의 주요 원인이라고 보기 때문이다.

지나간 이야기이지만, 어느 대기업 총수는 자기 기업이 모든 분야에서 중소기업보다 잘 할 수 있으니까, 협력회사의 노사분규로 생산에 차질이 생긴다면 자체적으로 부품을 생산하거나 해외에서 조달하겠다고 공언(空言)하기도 하였다.

그러나 중소기업의 경제발전 공헌도가 높아지면서 중소기업의 중요성에 대한 사회적 인식도 제고되었고, 공정거래 여건이 조성되면서 대기업과의 협력기회도 증가하였다. 특히 기술혁신이 가속화 되면서 기술수명주기와 제품 수명주기가 짧아져, 대기업 혼자서 모든 기술과 제품을 개발한다는 것은 사실상 불가능한 일이 되었다. 더욱이 기술의 내용이 복잡해지고 전문화, 세분화됨으로써 오랫동안 한 분야에만 전념해 온 부품, 소재 중소기업의 기술력과 제품 개발력을 적절히 이용할 수 있는 협력관계를 형성하지 못할 경우에는 대기업도 글로벌 경쟁에서 경쟁우위를 누릴 수 없게 되었다. 이러한 상황에서 대기업 경영자들의 중소기업에 대한 인식 변화가 있었다는 것은 중요한 발전이자 다행스러운 일이다.

실제로 대기업과 중소기업이 기술과 경영능력 및 기타 경영자원 등을 공유하는 협력관계를 유지하게 되면 기존 제품의 품질향상은 물론 신제품 개발도 촉진할 수 있으며 아울러 생산원가 절감으로 가격 경쟁력도 확보할 수 있다. 이처럼 차별화 전략과 원가우위 전략을 동시에 달성할 수 있다면, 대기업과 중소기업 간의 상생을 위한 협력경영은 기업차원에서는 물론 정부차원에서도 적극적으로 지원해야 할 핵심적인 정책과제라 하겠다.

그러나 대 · 중소기업간 상생(相生)을 위한 협력경영에 대하여 관련기업이나 정부의 인식에는 상당한 차이가 있는 것 같다. 정부에서는 대 · 중소기업간 상생협력의 분위기가 조성되고 있다고 보는 반면에, 관련기업에서는 실속 없는 지원정책으로 과대포장 되었다고 비판하면서 대기업의 중소기업에 대한 투자와 지원활동에 대한 세제상 혜택을 확대하라고 주장하고 있다. 이러한 상반된 시각을 보면 대 · 중소기업간 상생협력을 위한 정부의 정책도 한정된 자원으로 효과를 극대화하기 위한 전시 행정적 정책이라는 생각이 든다. 또한 중소기업에 대한 지원과 함께 애로사항을 적극적으로 해결하겠다는 대기업의 공약(公約)도 대기업에 대한 부정적 시각을 누그러뜨리려는 일과성 행사가 아니길 바란다. 참으로 상생을 위한 협력경영을 하려면, 새로운 가치창출을 위해 대기업과 중소기업이 대등한 관계에서 각자가 보유하고 있는 경쟁 우위 요소를 상호 보완하고 정부는 조정자로서 때로는 지원자로서의 역할을 하여야 한다. 그리하여 이들 기업의 상호보완적 경영활동이 시너지효과(Synergy Effect)를 낼 수 있도록 하여야 한다.

오늘날 치열한 글로벌 경쟁 속에서 국제경쟁력을 확보하려면 대기업과 중소기업 간의 상생을 위한 협력관계 유지는 필수불가결하며, 지속적인 협력관계의 유지를 위해서는 각자가 부단한 자기혁신을 모색하여야 한다.

작지만 세계 일류의 기업과 크면서도 유연성 있는 대기업이 제휴하였을 때 발휘되는 협력의 힘은 짐작하기 어렵지 않다. 반대로 기회주의적인 행동으로 서로 간에 불신이 쌓인다면 상생이 아니라 상극(相剋)의 상황이 벌어져 유혈경쟁만 벌어질 것이고 승패는 없이 모두 공멸할 것이다.

그러면 어떤 유형의 중소기업을 육성하여야 우리 경제의 성장잠재력을 높이면서 대기업의 국제경쟁력도 보강시켜 줄 수 있을 것인가? 혁신기업이 대기업과 경쟁우위요소를 상호보완하면서 지속적으로 성장 · 발전해 갈 수 있는 요체는 무엇인가를 살펴보기로 하겠다.

최근 들어 우리 경제의 성장잠재력이 약화된 것은 부품소재산업이 동반되지 않은 조립 · 가공 위주의 산업만 발달하여, 국내 생산 및 고용증대에 별로 기여하지 못하였기 때문이다. 또한 대기업과 중소기업 간의 양극화 현상이 심화됨에 따라 소비가 위축되고 사회적 불만과 불안정성이 증대되었기 때문이다. 이러한 상황에서 정부의 조정 역할도 미흡하여 경제의 양극화 현상이 고착되어 온 것이다. 사실 중소기업이 사업체 수나 고용 면에서는 물론 생산액이나 부가가치 창출 면에서도 대기업보다 우리 경제 발전에 훨씬 큰 공헌을 하고 있다. 그런데 왜 양극화 현상이 심화되고 있는가? 자금과 인력이 대기업에 편중되었기 때문이다. 대기업 중 일부는 막대한 현금을 보유하고 있는 반면 대다수의 중소기업은 자금난과 판매부진에 시달리고 있다. 이와 같은 경제의 양극화 현상은 상극의 길로 대립과 충돌만을 야기시킬 뿐이며 종국에는 대기업의 경쟁력도 약화시키게 된다. 상극의 악순환을 막고 상생의 협력기반을 구축하려면 정부는 물론 대기업도 이제 적극 나서야 할 때다.

대기업과 중소기업이 상생의 협력관계를 맺으려면, 중소기업이 기술혁신능력과 경영관리능력을 가질 수 있도록 자금과 기술을 지원해 주어야 한다. 내부 자원이 부족한 중소기업이 자발적으로 혁신역량을 배양하는 데에는 한계가 있기 때문이다. 특히 대다수의 일반 중소기업은 기존 기업 간의 과도한 경쟁과 신규사업자의 난립으로 수익성이 극도로 악화되었고, 국내 중소기업을 대체할 수 있는 외국기업 때문에 불리한 하도급 관계를 그대로 유지하고 있다. 이러한 악순환의 고리를 끊고 진정한 동반자가 되려면 독창적인 기술능력을 가진 기술 혁신형 중소기업을 중점적으로 지원하고 육성하여야 한다. 이를 위해서는 '선택과 집중' 에 의한 효과적인 지원정책을 마련하고, 대기업 역시 적극적으로 지원활동에 참여토록 하여야 한다.

상생을 위한 협력경영에 참여하고 있는 대기업은 대부분 우리나라를 대표하는 세계적인 다국적기업이며, 정부에서도 중소기업에 대한 자금지원을 위해 다각적인 지원정책을 마련하고 있다.

그러나 아무리 좋은 제도와 계획이 수립되더라도 제대로 실행되지 않으면 효과를 낼 수 없다. 대기업이나 중소기업 모두 상생을 위한 협력관계를 맺음으로써 보다 큰 가치를 창출할 수 있다고 믿어야 협력관계는 지속될 수 있다. 이를 위해서는 중소기업에 대한 대기업 경영자의 의식변화와 상생협력의 의지가 무엇보다도 중요하다. 또한 중소기업 스스로 부단한 혁신을 통해 경쟁력을 높여야만 대기업과 상생협력 할 수 있는 길임을 명심해야 한다. 앞으로 글로벌 경쟁은 보다 심화될 것이며, 이로 인해 중소기업이 강해야 대기업의 경쟁력도 강화된다는 것은 명약관화한 일로 상생을 위한 협력경영의 중요성은 보다 커질 것이다.

대 · 중소기업의 협력방안: 노키아, 포스코, 삼성전자의 사례를 중심으로

임민영_산업정책연구원 연구원

잭 웰치(Jack Welch) GE 전 회장은 "글로벌 차원의 경쟁에서 승리하기 위하여 취하는 방법 중 가장 매력 없는 방법은 혼자서 모든 것을 할 수 있다고 생각하는 것이다"라고 하였다. 이는 오늘날 기업경쟁의 승패가 개별 기업 자체의 역량에 의해 좌우되었던 개별 기업 간 경쟁에서 점차 기업 간 협력네트워크의 성과에 좌우되는 기업 네트워크 간 경쟁으로 변화하고 있음을 의미한다.

선진국의 경우 기업 간 협력사례를 살펴보면 도요타, 노키아, 인텔 등 세계를 주도하는 기업은 모기업과 협력업체들 간에 상생협력을 통해 기업의 경쟁력을 높이고 있다. 이중 세계 통신시장에서 휴대전화 세계점유율 1위를 차지하고 있는 노키아사의 경쟁력의 원천은 울루테크노폴리스에 있는 300여개 협력 중소업체들과의 대등한 관계 유지를 통한 탄탄한 결속력에 있다.

노키아가 실행하고 있는 대협력업체 전략은 중소기업 및 대규모 IT 기업들과의 전략적 R&D 파트너십을 유지하는 것과 IT 분야에 속하지 않는 기업은 분사하고 전략 분야의 중소기업을 해외 인수하는 것에 있다. 뿐만 아니라 벤처기업 지원을 위한 전담조직(Nokia Ventures Organization)으로 7천억 원

규모의 벤처캐피털을 운영하여 사업타당성이 있는 아이디어를 가진 중소벤처기업을 지원하는 등 협력업체와 전략적 파트너십을 구축하면서 지역혁신을 주도하고 있다.

노키아의 협력사례는 대기업과 중소기업의 관계가 생산을 중심으로 한 수직적 하청구조에 머무른 채 기술을 중심으로 한 파트너십이 취약한 국내 기업에게 기술 · 지식 파트너로서 중소기업과의 전략적 협력관계 구축의 중요성을 강조하고 있다.

이와 같은 글로벌 경영 환경의 변화는 국내 기업 간 관계에도 새로운 시각을 요구하며 최근 국내에서도 대 · 중소기업 간 상생협력의 움직임이 확대되고 있다. 대표적으로 포스코와 삼성전자의 예를 들 수 있다.

포스코는 지난해부터 '포스코가 세계 경쟁력을 갖추려면 협력업체의 경쟁력이 향상되어야 한다'는 취지 아래 공급사와 공동으로 원가절감 및 품질향상을 위한 개선활동을 수행하고 있다. 그리고 그 성과를 서로 같이 공유하는 성과공유제(Benefit Sharing)를 도입하였다. 성과금이 발생하는 첫해에 100%를 모두 보상하고 2년차부터는 50%씩 보상한다는 내용으로 올해 15개사 40여개 과제를 대상으로 중소 협력업체와 함께 이 제도를 운영하고 있다. 포스코의 성과공유제 도입은 협력업체의 제품 및 기술 개발 동기를 유발함으로써, 궁극적으로 포스코의 경쟁력 제고에 기여할 것으로 기대되고 있다.

다음으로 삼성전자를 살펴보면, '협력업체의 품질과 경쟁력이 삼성전자의 글로벌 경쟁력 향상과 직결된다'는 취지 아래 협력업체와의 동반성장을 위한 전사적 차원의 전략적 파트너십을 강화하고 있다.

삼성전자는 협력업체의 경쟁력 강화를 위해 신기술 도입, 부품 · 설비의 국산화 개발, 품질 및 생산성 향상, IT 인프라 구축을 비롯하여 현장 혁신 지도, 경영기법 전수, 전문 인력 및 미래경영자 양성 등 전문 교육에 이르기까지 협력업체에 대한 종합적이고 체계적인 지원을 계획하고 있다. 나아가 이를 실행하기 위해 향후 5년간 420개 협력사를 대상으로 약 1조원의 자금을 지원 할 예정이다. 이밖에도 삼성전자는 협력업체 지원을 위한 콜센터 운영을 통하여 협력업체의 애로사항을 해결하고 있으며, 품질향상과 기술혁신, 원가절감을 실현한 협력업체를 발굴, 지원하고 있다.

글로벌 경쟁 하에서 기업 간 상생협력은 기업의 경쟁력을 재는 핵심척도의 하나로 자리 잡았다. 최근 기업 간 상생협력에 적극적으로 나서는 대기업들이 늘고 있는 것은 참으로 다행한 일이다. 이러한 활동들이 대기업과 중소기업 간의 협력 관계를 글로벌 시대에 걸맞은 상생협력의 혁신 네트워크 관계로 전환시키는 계기가 될 것으로 기대하여 본다.

기업 간 협력경영 서적 소개 :

「대기업과 중소기업간 비즈니스 아키텍처의 진화벡터와 한국중소기업의 과제」, 「도요타방식」

-김기찬 외 1인 공저/ 제프리 라이커-

김희정_산업정책연구원 연구원

"지구적 차원의 경쟁에서 승리하기 위하여 취하는 방법 중 가장 매력 없는 방법은 혼자서 모든 것을 할 수 있다고 생각하는 것이다."(잭 웰치 GE전 회장, 하버드 비즈니스 스쿨 연설에서)

예전에는 기업의 승패가 개별기업의 자체역량에 의해 좌우되었지만, 점차 기업 간 협력경영의 성과에 의해 좌우되고 있음을 강조한 내용이다. 특히 대기업과 중소기업 간 수익성, 근로자소득, 혁신역량 등에서 격차가 점점 확대되고 있는 국내 상황에서는 기업 간 협력경영은 핵심과제가 되고 있다.

'대기업과 중소기업간 비즈니스 아키텍처의 진화벡터와 한국중소기업의 과제(김기찬 가톨릭대 교수, 김희숙 가톨릭대 박사과정)' 논문과 '도요타방식(THE TOYOTA WAY, 제프리 라이커 美미시간대 교수, 2004)' 은 국내 대기업-중소기업 간의 이해를 돕고 해결책을 모색하기 위한 깊이 있는 정보가 담겨 있다.

'대기업과 중소기업간 비즈니스 아키텍처의 진화벡터와 한국 중소기업의 과제' 연구결과에 따르면, 한국 기업들은 고부가가치 '제품' 을 지향하지만,

'생산' 은 표준화와 원가지향적인 경향이 강해서 국내 중소기업들이 생산기지를 중국으로 이전하는 산업공동화 조짐이 나타나고 있다. 또한 원가경쟁을 원하는 대기업들의 요청에 따라 중소기업들이 독립적으로 표준화를 지향하고 있어서 기업 간 협력이라는 개념보다는 분업 관계의 성향이 강하다고 밝혀졌다. 결국 이러한 독립된 분업관계로 인하여 한국 중소기업들은 낮은 수익성으로 힘들어지고 대기업들은 핵심부품의 공급 안정성에 위험요소를 떠맡게 될 우려가 있다는 것이 저자의 지적이다.

그렇다면 중소기업이 혁신기술을 통해 수익성을 높이는 동시에 대기업에 안정적이고 경쟁력 있는 제품을 제공할 수 있는 방법은 무엇일까? 경쟁력 있고 공정한 파트너십을 구축하고 있기로 유명한 도요타社에서 해결의 실마리를 찾아볼 수 있겠다. 20년간 도요타를 연구한 라이커 교수는 그의 저서 '도요타방식' 에서 중소기업의 육성을 통해 기업의 가치를 높이는 방법을 제시하고 있다. '문제를 고치지 않으면 거래를 끊겠다' 고 위협하는 일반기업들과 달리 도요타는 병든 중소기업을 치료하기 위해 중소기업을 지원하는 개선위원회를 두고, 실제로 중소기업의 노동환경 · 급여 · 교육훈련 · 연구 및 개발 등에 함께 참여하며, 중소기업을 글로벌 기업수준으로 끌어올렸다.

또한 라이커 교수는 매슬로우의 욕구계층이론을 적용하여 도요타와 중소기업 간의 좋은 유대관계를 도식화하였다. 인간이 기본적인 욕구가 충족되고 난 뒤에야 자아실현과 같이 한 차원 높은 욕구를 충족하려는 것처럼 중소기업의 욕구에도 단계가 있다는 것이다.

▲ [1단계] 공정한 비즈니스 관계 ▲ [2단계] 신뢰할 수 있는 프로세스

▲ [3단계] 명확한 목표 공유 ▲ [4단계] 권한이양 시스템 ▲ [5단계] 공동성장을 추구하는 학습 기업으로 도달

즉, 대기업과 중소기업이 지식과 기술을 공유하며 협력하는 학습기업 단계에 이르기 위해서는 공감대를 형성하고 서로를 신뢰하는 작업이 우선되어야 한다는 것이다. 이러한 단계를 차근차근 밟은 후에야 비로소 두 기업이 진정한 사업파트너로 마주설 수 있다고 저자는 전한다.

그림 11. 도요타 방식

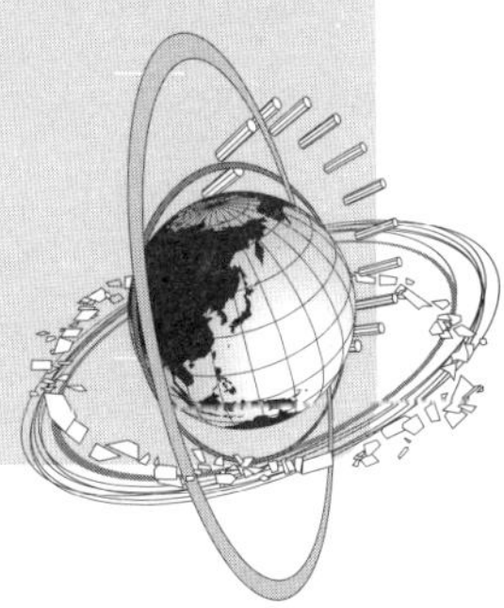

열번째 프런티어 경영

도시와 기업의 상생을 위한 파트너십 경영

도시-기업 손에 손잡고 · · ·

지식경제시대의 도래와 함께 산업집적지에 대한 관심이 고조되면서 1990년대 이후 클러스터(Cluster)가 본격 확산되었다. 클러스터는 기업, 대학, 연구소 등이 특정지역에 모여 사업전개, 기술개발, 정보교류 등 상호작용을 통해 시너지를 내는 것을 의미한다. 이들의 공간적 근접성이 상호작용을 촉발하고, 생산성을 높이는 근간이 되고 있는 것이다.

최근 들어 세계 각국은 산업집적지가 국가경쟁력임을 인식하고 1950년대 이후 급성장한 미국 실리콘밸리를 벤치마킹하여 자국기업의 성장과 다국적 기업유치에 힘을 쏟고 있다. 국내에서도 클러스터 열풍에 힘입어 지방자치단체는 기업인 예우조례를 비롯 각종 기업지원 서비스와 세제 혜택 등을 제공하여 기업하기 좋은 환경을 만들기 위한 노력을 다각도로 펼치고 있으며, 기업 역시 자사의 경쟁력 강화와 대외적 네트워크 형성 · 강화를 위해 클러스터 형성에 적극적으로 임하며 이를 전략적으로 활용해 나가고 있다.

세계는 지금 클러스터 열풍이다. 클러스터의 형성과 강화를 통해 산업구조를 고도화하고 기업경쟁력을 높여 나갈 수 있는 기회를 적극 활용해야 할 것이다.

지역과 기업의 상생

백권호_영남대학교 경영학과 교수

세계화 시대의 경쟁 단위는 '지역'과 '기업'이다. 혹자는 심지어 기업 간 경쟁의 시대가 가고 이제 클러스터 간 경쟁 시대에 접어들었다고까지 한다. 글로벌 경쟁 시대에는 기업과 마찬가지로 지역도 스스로 경쟁력을 갖추고, 끊임없이 진화하는 생명력을 지니지 않고서는 살아남을 수 없다. 산업 공동화는 국가적 문제이기 이전에 지역으로서는 생존이 관련된 심각한 문제이다. 1990년대 이후 경쟁력 있는 지역으로 거듭 태어난 선진국 도시들의 예를 살펴보면, 산업 클러스터로서 지속적 발전을 유지해 가기 위한 지역 혁신 체제를 갖추고 글로벌 경쟁의 새로운 경쟁자로 부활하고 있음을 확인할 수 있다.

정보와 지식이 빛의 속도로 이동하는 정보화 시대 지식기반 사회에서도 산업의 특정 지역 집적이 여전히 경쟁력 창출에 유효하다는 것은 일종의 역설이다. 경쟁이 세계화될수록 예상되었던 '거리의 소멸'이 아니라, 오히려 공간적 지리적 근접성의 중요성이 더 증대되고 있는 것이다. 정보통신의 발달에도 불구하고 대면 접촉을 통한 암묵지의 획득과 창출의 중요성이 지식과 학습 활동을 여전히 공간적으로 제한하고 있어, 새로운 지식에 기반을 둔 경제활동들도 특정 지역을 중심으로 집적하는 경향이 나타나기 때문이다.

산업화 초기 시대부터 지리적 집중의 법칙은 존재해 왔다. 1970년대까지 단순한 공단이나 과학 연구단지 건설은 물리적 하부구조의 건설 등을 통하여 거래비용과 요소비용을 절약하는 소위 정태적 집적경제를 달성하는데 초점이 맞추어져 왔다. 1980~90년대를 거치면서 정보화 지식기반 사회가 도래하자 첨단산업단지에서 산업 클러스터로 발전을 거듭하면서 종전과 달리 지역적 혁신역량을 총동원 할 수 있는 효과적이고 효율적인 협력 네트워크가 작동하는 메커니즘으로 진화하고 있다. 이에 따라서 물리적 하부구조는 물론 대학, 연구소, 교육훈련기관 등 사회적 하부구조 건설과 지역 거버넌스 및 제도와 문화, 분위기, 규범 등 지역사회의 상부구조 구축까지를 포괄함으로써, 활동 주체간의 상호작용을 바탕으로 혁신 및 지식의 창출을 촉진하는 소위 동태적 집적경제의 우위 확보에 관심의 초점이 맞추어지고 있다.

실제로 1990년대부터 OECD 국가들은 산업 클러스터를 지역경쟁 우위 추구의 핵심적인 정책수단으로 채택하여 도입하고 있다. 미국의 오스틴, 클리블랜드, 위치타, 실리콘 밸리 등을 위시하여 네덜란드의 림버그, 영국 웨일즈 지방 등이 지방정부 중심으로 지역혁신 클러스터를 추진한 성공적인 사례들이다. 이러한 흐름은 우리나라에서 현재 추진되고 있는 국가 차원의 지역혁신 클러스터 구축 사업을 위시하여 싱가포르의 IT2000, 중국의 푸둥, 중관촌 등으로 확산되고 있다.

지역혁신 클러스터에 대한 연구는 산업 클러스터에 관한 연구와 지역혁신 클러스터에 관한 접근 등 두 가지 방향으로 전개되어 왔다. 전자는 마샬(1890)이 제한된 지역 내에서 중소기업들 간의 협업 생산이 갖는 규모의 경제를 주장한 이래, 밀(1972)이 투입요소 비용, 비교역적 사업지원에 대한 배타적 접근, 비경제적 상호작용 등에서 집적경제의 이점을 주장한 것이 그 효시이다. 산업 클러스터라는 용어는 마이클 포터가 특정 분야에서 기업 및 관련 기관들로 구성되고 공통성과 상호 보완성으로 연결된 지리적으로 근접한 집단이라는 개념으로 산업 클러스터를 정의한 데서 비롯되었다(1990). 포터는 성공적인 산업 클러스터의 형성을 위해서는 지역 내에 전문적인 기술과 지식이 존재해야 하고, 관련 기관과 경쟁자들의 집적이 중요하며, 여기에 수준 높은 고객까지 존재하여 이들을 연계해 주는 상호작용을 통하여 학습과 혁신이 이루어지는 메커니즘이 존재해야 함을 강조하였다.

후자로는 새로운 글로벌리즘 시대에 경쟁과 협력 체제(Competition System)를 구축함으로써 글로벌 경쟁 하에서 지역 단위로 기술혁신체제의 구조적 경쟁력을 제고 할 것을 역설한 윌리엄 밀러(1996)가 있다. 헨튼 · 멜빌 · 웨일쉬(1997)는 전문화된 집적지역과 지역사회를 협력적 경제 공동체(Collaborative Economic Community)로 혁신시킬 수 있는 보육(Incubating) 체제 그리고 이를 가능케 할 수 있는 지역의 협력적 리더그룹인 소위 '시민기업가들(Civic Entrepreneurs)' 의 존재여부가 도시혁신 클러스터 형성의 성패를 좌우한다고 주장한다.

클러스터에 참여하는 기업에는 전문화된 기술과 경험을 보유하고 축적한 인적자원 및 원자재 부품 공급자의 획득이 용이하고, 기술혁신을 촉발시키고 개발기간을 단축시켜 줄 수 있는 정보와 기술의 확산에 대한 접근이 용이하다는 편익이 존재한다. 이것이 바로 글로벌 경쟁력의 원천인 지식창출과 기술혁신을 촉발시키는 하부구조의 역할을 한다. 따라서 글로벌 경영을 지향하는 기업이라면 경쟁력 강화와 신산업 전개를 위하여 지역혁신 클러스터를 활용할 필요가 있다. 클러스터를 통하여 혁신의 속도를 높이고 부족한 경영자원을 보완함으로써 리스크를 줄일 수 있기 때문이다.

한편, 클러스터가 이러한 기능과 역할을 성공적으로 수행할 수 있으려면 기업 또한 지역혁신 클러스터에 참여하여 자신의 역할을 적극적으로 충실히 실행하는 것이 무엇보다 중요하다. 헨튼 · 멜빌 · 웨일쉬(1997)는 지역혁신 클러스터 형성 과정을 도입 → 보육 → 실행 → 개선의 4단계(표 7 참조)로 구성된 지속적인 발전을 유지해가는 순환 메커니즘으로 보고, 이 과정에서 핵심적 기능을 수행하는 시민 기업가들의 역할이 각 단계마다 달라진다고 주장한다. 기업의 입장에서 시민 기업가로서의 역할은 비전 제시자, 시스템 통합자와 전문 공급자 등 클러스터를 구성하는 3대 주체로 재정의 할 수 있다. 비전 제시자는 원천기술을 개발하고 산업발전 방향을 제시하며 인재공급과 벤처 창업의 토대 역할을 수행하는 초우량 대기업들이 속한다. 시스템 통합자는 원천기술을 상업화하고 요소기술과 부품을 통합하여 상품화 하는 역할을 수행하는 대기업 혹은 중견기업이 해당된다. 전문 공급자는 부품과 요소기술을 제공하는 중소기업 · 벤처, 금융 · 마케팅 · 법률 서비스를 제공하는 지원 서비스업체 등이 해당된다.

개별 기업은 저음에 적절한 형식으로 기업과 지역에 모두 이익을 주는 시민 기업가 역할로 지역사회에 참여하는 조직 구성원들을 공식적으로 인정하는 것을 시작으로 시민 기업가를 육성하는 정책이나 조치를 조직 내부적으로 실험할 수 있을 것이다. 실리콘 밸리에 위치한 세계적인 반도체 업체인 어플라이드 머티리얼 사는 그들의 경영진이 실리콘 밸리, 독일, 한국, 중국 등 어느 사업장에 근무하든지, 그 지역사회에 활발히 참여하는 것을 당연시하는 조직 문화를 정착시키고 있다. 경영 활동에 큰 부담을 주지 않는 수준에서 지역사회 활동에 투입하는 시간을 적절히 조절하면서, 시민 기업가 양성을 회사 내 경영진 개발 프로그램에 포함시키고 지역의 지도자들도 참여시키도록 하는 방식으로 시작하는 것도 가능하다. HP사는 자사의 구성원들이 개인적으로나 회사를 대표해서 지역사회 활동에 참여하도록 유도함과 동시에, 조직 내 · 외부 이해관계자들에게 새로운 협력 모델을 소개하는 세미나도 자주 제공하고 있다.

다음 단계에서는 자사의 위치와 능력에 맞게 비전 제시자, 시스템 통합자 혹은 전문 공급자로서 단계별로 지역 혁신 클러스터 건설에 적극적으로 참여하여 상호 신뢰와 협력적 문화의 정착에 솔선하는 혁신적 노력이 필요하다. 그 동안 공동 기획 프런티어 경영에서 다루어진 지속 가능한 경영과 펀(Fun) 경영, 대기업과 중소기업의 상생관계 구축, 윤리경영 등은 상호 신뢰와 협력적 지역 클러스터 문화를 정착시켜 지속 가능한 경쟁력 있는 클러스터를 구축하는데 관건이 되는 요소들이라 할 수 있다.

표 7. 지역혁신 단계별 시민 기업가 역할과 주도 주체

Stage	단계별 주요 활동 내용	시민 기업가 역할	단계별 주체
Initiate	변화 유발, 네트워크 구축	동기유발자, 네트워커	비전 제시자
Incubate	공유 가능한 우선순위 결정	교사, 주재자	시스템 통합자 /전문 공급자
Implement	지역 자원의 동원	통합, 촉진자	
Improve	지속적인 개선, 진화	멘토, 운동가	비전 제시자

어메니티(Amenity) 개선을 위한 기업과 도시의 상생경영

김신효_산업정책연구원 선임연구원

최근 도시 경쟁력을 결정하는 핵심요소로 도시 환경이 중요해짐에 따라 어메니티를 향상시키기 위한 도시의 노력이 확대되고 있다. 기업의 제품이나 서비스처럼 도시도 시민과 기업이라는 고객에게 감동과 편의를 제공하는 것이 지속가능한 성장을 위한 미래도시의 경쟁력이라고 보기 때문이다.

일례로 싱가포르는 '깨끗한 도시(Clean City)'를 구호로 오랜 기간 도시 경관을 정비, 살기 좋고 기업하기 좋은 도시로 도약하였으며, 공해로 악명을 떨쳤던 미국의 피츠버그는 80년대부터 도시환경개선을 적극 추진, 쾌적한 도시로 변모해 현재 뉴욕, 시카고에 이어 대기업 본사 수에 있어 미국 내 3위를 자랑하고 있다.

기업도 다양한 관점에서 어메니티 개념을 도입하고 있다. 어메니티 개념은 타 사와의 차별화를 꾀하는 마케팅 전략에 적용되어 주택, 호텔, 레저 · 스포츠 시설 등 고부가가치 공간 상품 개발로 이어지고 있다. 뿐만 아니라 업무용 건축물의 디자인, 녹지 공간 마련 등의 기업 내 · 외부 어메니티 개선을 통해 종업원, 고객, 나아가 지역시민의 만족을 높여 궁극적으로 기업 이미지를 제고하는데 기여하기도 한다.

최근에는 도시 환경이 쾌적해야 창조성이 발현되고 생산성도 높아져 기업이 발전 · 성장할 수 있다는 인식이 높아짐에 따라 어메니티 개선 노력이 사업을 영위하는 지역 내 전체 비즈니스 공간에까지 확대되어 어메니티는 기업에 있어 중요한 경영 방식의 하나로 자리 잡고 있다.

그렇다면 어메니티란 무엇인가? 어메니티는 사람이 어떤 사물이나 환경에 대해 긍정적으로 느끼는 것으로 물질적인 면은 물론 정신적인 면까지 포함한 생활환경의 종합적 쾌적성을 의미한다. 우리나라에는 어메니티의 개념이 '지속가능한 발전(Sustainable Development)' 에 대한 공감대 형성으로 소개되어 그 확산의 토대가 마련되었다.

현재 우리나라 도시의 어메니티 수준은 세계 주요 도시들에 비해 매우 낮게 평가되고 있다. 세계적인 인사관리 컨설팅 업체인 머서(Mercer)社는 2002년 삶의 질에 있어 세계 1위 도시로 스위스 취리히를 선정하였다고 한다. 전 세계 215개 도시를 대상으로 정치, 사회, 문화, 환경 등 39개 항목을 평가하였는데, 도쿄 19위, 파리 31위, 뉴욕 41위, 서울은 50권 안에도 포함되지 못하였다.

뿐만 아니라 미국의 경제 전문지 포천이 조사한 세계 100대 기업의 동아시아 지역본부 분포 현황(2002년 5월 기준)을 보아도 홍콩 22개, 싱가포르 12개, 북경 5개, 동경 5개에 비해 서울은 1개사에 불과하여 머서社의 조사결과와 크게 다르지 않았다.

기업을 유치하고 고용을 창출하기 위해, 도시는 어메니티를 높여야 한다. 투자를 고려하는 다국적 기업도 경영환경 조성은 물론이고 정주환경을 고려해 투자처를 결정하고 있다.

어메니티를 향상시키려는 노력은 기업과 도시가 상생의 파트너십을 발휘할 때 더 나은 효과를 꾀할 수 있다. 도시는 고용 창출과 지역경제 활성화로 삶의 질 향상을 꾀할 수 있으며, 기업은 도시 어메니티가 높아짐에 따라 고급 두뇌 유치와 종업원 만족도 향상으로 경쟁력을 높일 수 있다.

나아가 기업은 기업이 보유하고 있는 자원을 지역과 공유함으로써 도시 어메니티 개선에 기여할 수 있다. 예컨대 뉴욕 IBM 본사가 빌딩 내 가든 프라자를 조성하여 지역주민들에게 휴식 및 지역 커뮤니티 공간으로 제공하였고, 포스코는 시민공원인 '환호해맞이공원' 조성사업비 총 400억 원 중 200억 원을 지원하였다. 이는 도시 공간의 질적 향상을 위해 도시 어메니티 개선에 기업과 도시가 상생한 좋은 사례라하겠다.

도시와 기업의 상생경영 서적 소개 : 「세계의 지역혁신체계 (Global Innovation Clusters)」 -국가균형발전위원회 엮음-

임민영_산업정책연구원 연구원

세계화와 지식정보화 시대의 국가 간 경쟁에서 우위를 점하기 위한 국가 전략은 무엇일까?

11명의 연구자들이 국가균형발전위원회와 함께 공동 연구한 '세계의 지역혁신체계(Global Innovation Clusters)' 에서 그 해답을 찾아볼 수 있다.

이 책은 미국 실리콘 밸리와 루트128, 영국의 캠브리지 테크노 폴과 쉐필드의 문화산업 클러스터, 캐나다의 몬트리올 멀티미디어시티, 프랑스의 소피아 앙띠폴리스와 테크노 폴메쯔 2000, 이탈리아의 밀라노, 독일의 바덴뷔르템베르크, 스웨덴의 시스타, 일본의 오오타구, 대만의 신주, 중국의 중관춘 등 지역혁신에 성공한 대표적 사례에 대한 분석을 통해 지역혁신을 가져온 다양한 성공요인을 파악하고, 앞으로 한국 사회에서 혁신 클러스터를 조성하고 발전시켜나가는 데 어떠한 요인들과 가능성을 활용할 수 있을 것인가를 탐색하는 것을 목적으로 하고 있다.

그렇다면 '지역혁신체계' 란 무엇이고 선진국들이 지역혁신체계를 구축하는 데 전력을 기울이는 이유는 무엇일까? 이 책은 '지역혁신체계' 를 지방정부, 지방대학, 지역기업, 연구소 등 다양한 지역 내 혁신주체들이 새로운 연구개발, 신제품 생산, 행정 제도 개혁, 문화 활동 등 다양한 영역에서 서로 역동적으로 협력하고 학습함으로써 새로운 혁신을 창출하고 이를 통해 지역발전을 도모하는 체계라고 설명하였다. 또한 지역혁신체계의 구축이 필요한 근본적 이유에 대해 지식기반경제로의 전환에 따라 혁신 주체들 간의 네트워킹이 '국가' 보다 역동적이고 신축적인 '지역' 을 단위로 이루어지면서 지역수준의 경쟁력이 중요한 변수로서 작용하기 때문으로 보고 있다.

나아가 이 책은 지역혁신 과정에서 중요한 요인을 지역의 실상을 정확하게 파악할 수 있는 지역대학, 기업, 지자체 등 지역의 혁신 주체라고 보고, 지역혁신 과정이 성공적으로 추진되기 위해서는 이들 간에 공동학습과 혁신창출을 통해 긴밀하게 협력해나갈 수 있는 네트워킹의 중요성을 강조한다. 실제로 이 책에서 제시하고 있는 선진 각국의 사례에서도 대학과 인접한 지역의 첨단산업단지를 기반으로 하는 기업 간의 네트워크, 기업과 기업 간 네트워크뿐만 아니라, 정부와 지역주민까지 연계한 네트워크의 형성이 지역혁신에 있어 공통의 성공요인으로 꼽히고 있다.

하나의 지역혁신 클러스터가 출현하는 과정에는 다양한 메커니즘이 작동하고 여러 단계를 거치는 것이 일반적이라고 한다. 이렇듯 지역혁신의 성공과 관련된 메커니즘이 다양할 수밖에 없는 것은 산업별, 지역별, 나라별, 시기별로 수많은 차이점이 존재하기 때문이며, 따라서 한나라의 성공사례를 그대로 모방한다고 해서 또 하 나의 성공을 담보할 수는 없다. 중요한 것은 어떤 사례에서, 어떤 시기에, 어떤 메커니즘이 중요한 역할을 수행했는가를 파악하는 것이다.

이러한 점에서 위에 언급한 각 사례의 저자들은 선진국 지역혁신 사례의 연구를 통해 지역혁신을 불러온 다양한 변수와 지역혁신을 가능케 한 메커니즘을 심층 분석함으로써 한국사회의 지역혁신체계 수립과 지속적인 경제성장을 위한 전략과 정책적 시사점을 제시하고 있다.

우리나라는 지난 1995년 1인당 국민소득 1만 달러를 넘어선 이후 10년 동안 마의 1만 달러 정체를 벗어나지 못한 채 선진국의 문턱을 넘지 못하고 있다. 세계적인 경영학자 마이클 포터 하버드대 교수는 그의 저서 <경쟁론>에서 '선진경제로 진입하기 위한 필수조건 중 하나는 운영이 잘 되는 클러스터를 개발하는 일이다' 라고 밝혔다. 지역혁신체계를 통한 새로운 성장동력의 창출이 바로 우리나라가 선진국으로 진입하기 위한 절박한 국가전략인 것이다.

그림 12. 세계의 지역혁신체계

산업정책연구원 소개

산업정책연구원(The Institute for Industrial Policy Studies, 이하 IPS)은 1993년 산업자원부 산하 연구기관으로 설립되었습니다. 세계각국의 산업정책 학술연구 및 정부기관 정책자문과 일반기업 전략수립, 그리고 정부관리와 기업경영자 대상 교육을 중심으로 활동하고 있습니다. 전문가 네트워크로 구성된 30여 개의 연구센터의 운영을 통하여 급변하는 시대의 흐름을 정확히 읽는 경영 마인드를 얻고 있으며, 이러한 활동을 지원하는 모임으로 윤경포럼, 브랜드포럼, 디자인 산업연구회, 의료산업경쟁력포럼 등이 있습니다.

■ 주요 연구사업 소개

본원은 미래의 경쟁력 요소로 부각되는 트렌드를 중심으로 연구주제를 선정하고 있으며, 현재 대표적인 연구분야로는 국가 및 지역 경쟁력 연구, 국가 및 기업 브랜드 연구, 윤리경영, 기업의 사회적 책임 및 지속경영 연구 등을 들 수 있습니다.

▶ IPS 국가경쟁력연구보고서(IPS National Competitiveness Research Report)

국제경쟁력연구원(IPS-NaC)과 공동으로 자체 국가경쟁력 평가모델을 개발하여 <IPS 국가경쟁력연구보고서>를 2001년부터 발간해 왔습니다. 본 연간보고서는 연구와 실무에서 필요로 하는 국가차원의 경영 · 경제 정보를 체계적으로 수록함으로써 각계 각층의 사람들에게 세계화 시대를 선도할 수 있는 유용한 정보를 제공하고자 합니다.

▶ **지역산업정책 평가연구:「지역산업정책대상」**

산업자원부 후원 하에 올해로 4회째를 맞는 지역산업정책대상은 투명하고 전문적인 평가 절차를 통해 지역이 가진 고유의 핵심역량을 육성, 획기적인 지역발전을 이룩한 우수한 지역자치단체를 포상함으로써 지자체의 발전상을 중앙정부에 알리고, 나아가 지자체의 산업경쟁력 및 국가경쟁력 강화에 기여하고자 합니다.

▶ **한국 81개 도시경쟁력 평가연구**

지역경쟁력이 국가경쟁력의 근원으로, 지역차원의 조직이 핵심 경제단위로 부상함에 따라, 본원은 개별 도시의 경쟁력을 구성하는 원천요소를 발굴 · 개선함으로써 '도시'의 지속발전가능성을 높이는데 기여하고자 자체평가모델을 개발, 국내 81개 도시를 대상으로 하는 도시경쟁력 평가 연구를 진행하고 있습니다.

▶ **국가 및 기업 브랜드 자산 가치 평가 연구 및 컨설팅**

기업은 물론 지역자치단체 그리고 국가에도 '브랜드'의 개념이 도입되고 자산으로서의 가치가 부각되면서 브랜드를 개발하고 관리하는 일은 그 어느 때보다 중요성이 더해지고 있습니다. 이에 본원에서는 2000년부터 기업 및 국가 브랜드 자산가치를 화폐금액으로 평가하여 매년 발표해 오고 있으며, 기업 및 지역자치단체 등의 브랜드 개발 및 컨설팅과 국가 브랜드 강화를 위한 각종 정책 및 전략 수립연구를 진행하고 있습니다.

▶ **브랜드경영연구원**

브랜드경영연구원은 국내 브랜드 전문가를 양성하고, 브랜드 경영문화를 확산시키기 위해 산업자원부의 <2003년도 산업기술기반조성사업>의 일환으로 시작되었습니다. 브랜드경영연구원은 중급/고급/온라인 브랜드전문가 과정을 운영하고 있으며 기타 브랜드 워크샵 및 컨퍼런스 진행, 브랜드 전문 교육교재 개발, 브랜드 경영사례 개발 등의 활동을 하고 있습니다.

▶ **윤리경영, CSR, 지속경영 연구**

최근 경영환경의 변화로 기업의 수명이 '윤리경영, 사회적 책임, 지속경영' 성과에 의해 결정됨에 따라, 본원은 2000년부터 기업윤리연구센터 설립과 함께 윤리경영, 기업의 사회적 책임(CSR), 지속경영에 대한 연구를 시작하였고, 현재는 정부차원의 윤리경영, CSR 정책권고, 기업차원의 윤리경영 및 CSR 평가모델개발, 지속경영 보고제도 및 인증제도에 집중하고 있습니다.

■ **교육과정 소개**

본원은 연구중심의 교육을 하는 세계적인 비즈니스 스쿨을 벤치마크하여 경영학 및 산업연구를 위해 설립된 30여 개의 연구센터를 운영하면서 축적한 연구성과를 활용하여 선도적인 교육과정을 진행하고 있습니다. 특히, 산업자원부의 정책과제에 따라 개발된 브랜드전문가과정과 윤리경영자과정은 우리나라가 고부가가치경제사회로 진입하기 위한 대안을 제시하고 있습니다.

▶ **브랜드전문가 과정(BSP: Brand Specialist Program)**

BSP는 브랜드 경영에 필수적인 기본 이론 강의와 기업 실무진 강사의 생생한 사례강의로 구성되어 있으며, 보다 체계적이고 효과적인 교육을 위하여 브랜드 마케팅 이론 및 브랜드 개발 단계에 대한 학습이 가능한 '중급 브랜드 전문가 과정(IBSP: Intermediate BSP)' 과 심도 있고 전문적인 브랜드 이론과 사례 학습이 가능한 '고급 브랜드전문가 과정(ABSP: Advanced BSP)' 으로 분리 운영되고 있습니다.

▶ 윤리경영자 과정(EOP: Ethics Officer Program)

윤리경영 연구를 통해 축적한 노하우를 바탕으로 윤리경영자과정을 2003년부터 개설하여 운영하고 있습니다. 2006년 제5기부터 석박사 중심의 비즈니스 스쿨인 aSSIST(서울과학종합대학원)와 공동으로 운영 중입니다. 본 과정은 기업이 윤리경영 도입시 겪을 수 있는 문제의 해결전략을 제시하고 글로벌 스탠다드를 소개함으로써 윤리경영을 핵심역량으로 개발할 수 있도록 도와드릴 것입니다.

■ 포럼 및 연구회

▶ 윤경포럼(윤리가 경쟁력이다: B.E.S.T Forum, Business Ethics is the Source of Top performance)

전세계적으로 윤리경영의 중요성이 강조되는 가운데, 윤리경영의 이해관계자를 주축으로 국내 윤리적 기업문화를 이끌어나갈 다자간 포럼인 윤경포럼을 2003년 2월 발족하였습니다. 현재 기업 · 학계 · 시민단체 등 54개 법인 회원사('06년 6월 기준)로 구성되어 있으며, 윤경CEO클럽은 41명의 현직 CEO가 분기별로 모여 CEO차원의 윤리경영 확산방안을 모색하기 위하여 노력하고 있습니다.

▶ 브랜드포럼(Brand Forum)

브랜드 포럼은 "Brand Promises Your Future" 라는 주제로 브랜드 관리의 중요성을 확인하고, 경쟁력 있는 브랜드 육성을 위한 전략과 비전을 공유하고자 2002년 11월 발족되었으며, 정부 정책담당자, 기업 실무자, 학계 교수 등으로 구성된 전문가 네트워크입니다. 본 포럼은 브랜드 경영에 관한 인식을 확산시키고자 노력하고 있습니다.

▶ **의료산업경쟁력포럼(Health Care Competitiveness Forum)**

2002년 9월 발족하여 올해로 5기를 맞는 의료산업경쟁력포럼은 2006년 한 해에도 업계가 직면하고 있는 쟁점현안들을 중심으로 회원들이 함께 고민할 수 있는 자리를 만듦으로써 우리나라 의료산업 경쟁력 향상에 이바지하는 모임이 될 수 있도록 노력하고 있습니다.

▶ **디자인산업연구회**

1995년 발족한 디자인산업연구회는 60여명의 디자인계의 인사들이 주축이 되어 운영되고 있으며 디자인 산업의 현황 파악과 문제 인식을 위한 토론 연구, 각계의 현황과 디자인과의 연계성을 파악하기 위한 강사 초청 세미나 등을 통해 회원간의 네트워크를 통한 다양한 정보 공유의 장을 이루고 있습니다.

■ 세미나 및 컨퍼런스

▶ **코리아 브랜드 컨퍼런스(Korea Brand Conference, KBC)**

KBC는 본원에서 개최하는 국내 최대 규모의 브랜드 컨퍼런스이며, 국내 기업들에게 브랜드 경영문화 확산의 기회를 마련하고자 매년 실시하고 있습니다. KBC는 '국가 및 기업 브랜드 가치 평가 결과' 공식발표와 약 40개 이상의 브랜드 연구결과 및 사례발표를 통해 정보공유의 장을 마련하고 있습니다.

▶ **신년 세미나**

새천년을 여는 2000년부터 시작한 연간 행사로 매년 새해의 시작과 함께 다양한 주제의 연구결과를 발표하는 자리입니다. 본원에서 진행한 연구에 대해 연구 실무책임자들이 발표를 하며, 관련 전문가, 산업 종사자, 정책 입안자의 다양한 토론을 통해 한국의 경제 비전과 실행 가능한 전략을 전망하고, 산학연 합동 연구의 기틀을 마련하고 있습니다.

▶ **IPS-남개대 공동 세미나**

매년 중국 남개대(Nankai Uni.)와 공동으로 세미나를 개최하며, 매년 세계 경제의 트렌드를 고려하여 행사테마가 결정되고 있습니다. 제3차년도인 2005년도 행사에는 '평가'라는 주제하에 지속가능경영, 국가경쟁력, 국내기업의 현지화 등에 대한 논문발표가 진행되었습니다.

(문의)
산업정책연구원
(120-808) 서울 서대문구 대현동 67-5 대현빌딩 6층
전화 02-456-5588 팩스 02-456-2044
홈페이지 http://www.ips.or.kr

프런티어 경영

초판 인쇄 | 2006년 6월 30일
초판 발행 | 2006년 7월 7일

지은이 | 조동성 외 다수
펴낸곳 | IPS 산업정책연구원 The Institute for Industrial Policy Studies
북디자인 | 우일미디어 (02)2277-9634

주소 | 120-808 서울특별시 서대문구 대현동 67-5 대현빌딩 6층
(사)산업정책연구원

등록 | 제5-50호(1997년 4월 15일)

판매처 | **도서출판 서울경제경영**
전 화 | (02) 313-2682
팩 스 | (02) 313-8860

ISBN : 89-87570-68-1 03320 정가 15,000원